Indice

Introduzione

Alla base di questo studio vi è l'analisi della moneta unica in relazione al nostro amato paese: l'Italia. In particolare, si pone l'attenzione sulla situazione economica italiana prima e dopo l'euro, ossia Maastricht.

Le motivazioni che mi hanno spinto ad approfondire tale argomento hanno una duplice natura. Prima di tutto, ho nutrito subito un grande amore verso gli argomenti macroeconomici grazie al mio relatore e professore Giuseppe Mauro.

La seconda motivazione che mi ha spinto ad approfondire questo tema così particolare e così nel dettaglio è l'amore per la lettura. Negli ultimi anni avvenire ho letto tanti, anzi molti libri di natura economico-finanziaria, appassionandomi, di conseguenza, a questo tema, tanto da renderlo argomento principale della mia tesi triennale.

L'obiettivo di questa tesi è quello di fornire un'analisi del nostro Paese prima e dopo l'introduzione dell'euro, concentrando l'analisi stessa anche sul funzionamento della moneta unica e come siamo arrivati a quest'ultima. Inoltre verranno posti alcuni problemi inerenti all'euro, vantaggi e svantaggi della moneta unica, proiettando tale argomento nel passato.

È stata sviluppata e condotta anche una breve intervista, in loco, ad un gruppo di persone di età compresa tra i 18 e i 55 anni, di sesso maschile e femminile. Le domande poste avevano un focus sulla moneta unica in relazione all'Italia, considerando anche i cosiddetti parametri di Maastricht. È possibile consultare l'intervista all'interno dell'appendice di questa tesi.

La tesi è articolata in 5 capitoli: il primo capitolo tratta della storia dell'euro. Dalla sua fondazione sino alla sua introduzione. Il secondo capitolo pone l'attenzione sulla situazione economica dell'Italia prima e dopo Maastricht, ossia prima e dopo l'introduzione della moneta unica. Il terzo capitolo invece è a caratteri più generali. Tratta, infatti, di tutti i vantaggi e svantaggi dell'euro, non solo in campo nazionale, ma europeo. All'interno del quarto capitolo abbiamo la cosiddetta Italexit: cosa succederebbe se uscissimo dall'euro? L'analisi di questo capitolo pone l'attenzione su tutti gli effetti indesiderati che potremmo avere nel caso in cui si decidesse di abbandonare la moneta unica. Nel quinto capitolo, infine, abbiamo l'analisi dei "Piani B" di Bagnai e Savona, con il parere, di conseguenza, di due economisti europeisti.

Grazie a questo lavoro è stato possibile comprendere al meglio la moneta unica e i suoi effetti sul nostro Paese. Le conclusioni potranno essere consultate alla fine di questa tesi.

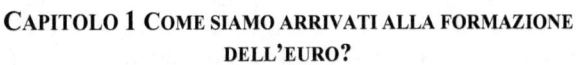

CAPITOLO 1 COME SIAMO ARRIVATI ALLA FORMAZIONE DELL'EURO?

In questo primo capitolo sarà presente la descrizione di come siamo andati incontro alla formazione dell'Unione Economica e Monetaria, e all'adozione della moneta unica, l'euro. Partiremo da una breve analisi di tutti quei trattati e avvenimenti considerati di fondamentale importanza per l'unificazione: dal Trattato di Roma (1957) alla caduta del muro di Berlino (1989), fino alla firma del Trattato di Maastricht, anno 1992. Proseguiremo con l'analisi del Rapporto Delors, del Patto di Stabilità e Crescita, fino ad arrivare agli obiettivi in ambito economico dell'euro. Per ultimo, ma non per importanza, esamineremo il ruolo delle banche centrali nazionali e quello della BCE.

1.1 Il lungo percorso verso l'Unione

Correva l'anno 1992 quando, in una piccola cittadina olandese, veniva firmato il Trattato che avrebbe portato alla creazione dell'euro e della sua banca centrale. Il percorso verso l'Unione Economica e Monetaria (UEM) non iniziò esattamente nel 1992, ma anni prima. C'è da premettere che la strada verso l'euro cominciò a prendere forma, lentamente, intorno al 1950 circa. Due avvenimenti importanti furono i **Trattati di Roma**. Il 25 marzo del 1957 vennero firmati due Trattati che rappresentano il momento costitutivo della Comunità europea[1]:

I.   Il trattato che istituì la Comunità economica europea (CEE);

II.   Il trattato che istituì la Comunità europea dell'energia atomica (CEEA).

I due trattati precedenti sono chiamati Trattati di Roma, trattato multilaterale aperto, che iniziarono ad essere efficaci il 1° gennaio del 1958.

La storia cambiò letteralmente direzione quando, nel 1971, il **sistema di Bretton Woods** crollò. Bretton Woods è la cittadina di New Hampshire dove, nel luglio del 44', si tenne la conferenza internazionale che doveva delineare le caratteristiche del sistema monetario e finanziario internazionale che si sarebbe dovuto creare dopo la fine della Seconda Guerra Mondiale. In questo sistema, i paesi partecipanti si accordarono per mantenere le proprie monete ancorate al dollaro a tassi di cambio aggiustabili, ma solo ove ciò fosse necessario per correggere uno squilibrio "fondamentale" della bilancia dei pagamenti. Perché crollo tale sistema? Il regime crollò negli anni

---

[1] Il momento costitutivo della Comunità europea iniziò qualche anno prima. Nel 1951 a Parigi venne firmato un importante trattato: il Trattato che istituì la Comunità europea del carbone e dell'acciaio, firmato nell'aprile del 1951.

Sessanta quando la fiducia nella convertibilità del dollaro venne a mancare a causa di una politica inflazionistica, in aggiunta ad un accumulo di disavanzi della bilancia dei pagamenti degli Stati Uniti.

Il crollo del sistema di Bretton Woods diede vita a un regime di cambio europeo, chiamato il **"serpente nel tunnel del dollaro"**[2], all'interno del quale le monete europee potevano oscillare contro il dollaro con uno scostamento massimo del 2,25 %. Purtroppo però, il "serpente", ebbe vita molto breve: 5 anni dopo, nel 1977, 4 Paesi, tra cui l'Italia, decisero di abbandonare il sistema perché la zona valutaria era "guidata" dal marco tedesco. Nel 1979 fu creato il **Sistema monetario europeo (SME)**, basato su parità di cambio fisse, ma rivedibili. Lo SME era basato sugli Accordi europei di cambio e sui relativi meccanismi. All'interno di tali meccanismi, le monete potevano oscillare entro una banda del +/- 2,25 % intorno a tassi centrali fissi (ECU[3]). I paesi erano obbligati ad intervenire quando la loro moneta raggiungeva i limiti di tale banda di oscillazione. I tassi centrali non potevano essere modificati unilateralmente, ma doveva essere una decisione presa con tutti gli altri Stati membri. Gli anni ottanta videro una grande accelerazione dell'economia, iniziata nel 1982 e durata per l'intero decennio, questo anche grazie ad una forte stabilità politica. Nel 1986, **l'Atto unico europeo**, modificò il Trattato di Roma. Quest'ultimo permise la libera circolazione non solo delle merci, ma anche dei capitali, dei servizi e delle persone. Lo SME restò in vita per ben 13 anni, ma sin dall'inizio era condizionato da un elemento non trascurabile: il ruolo prevalente del marco tedesco nella gestione degli accordi di cambio.

Lo SME restò in vita per 13 lunghi anni, fino a quando entrò in crisi, in una profonda crisi, che avrebbe sancito la sua fine. Entrò in una crisi irreversibile nel 1992, soprattutto a causa di un evento che cambiò il mondo intero: **la caduta del muro di Berlino (1989).** Pochi anni prima, nel 1988, la moneta unica fu inserita nell'agenda europea. In quell'anno fu deciso di sostituire le monete nazionali con la moneta europea. L'inserimento nell'agenda europea di una moneta unica e la caduta del muro di Berlino furono due avvenimenti di fondamentale importanza per l'integrazione europea. Questa situazione gettò le basi per la creazione di una politica unica, in modo da risanare anche le ferite della Seconda guerra mondiale. Cosa dire del campo economico tedesco? In seguito alla riunificazione la politica economica della Germania iniziò a mutare, lentamente, le proprie caratteristiche. Cosa si verificò? Si verificò un aumento delle componenti autonome della domanda

---

[2] Si veda "Il tramonto dell'euro" (Bagnai, 2016, p. 8).
[3] "Unità di conto europea". L'ECU fu la seconda valuta, virtuale, dell'Unione Europea dopo l'UCE (Abbandonata nel 1975).

aggregata, in più ci furono aumenti dei consumi pubblici, degli investimenti pubblici e dei trasferimenti. Perché tutto questo? Bisogna ricordare che la Germania, prima della riunificazione, aveva due marchi:

I.   Il marco della Germania dell'Est, **Ostmark**;

II. Il marco della Germania dell'Ovest, **Deutsche Mark**.

La conversione dei marchi avvenne a un tasso di cambio unitario. Il cambio 1:1 rappresentava per la Bundesbank una sopravvalutazione dell'Ostmark, pari a circa tre volte il suo valore effettivo. Ricordiamo infatti che la Germania dell'Est versava in condizioni molto disastrate rispetto alla Germania dell'Ovest, essendo, quest'ultima, seconda potenza industriale del mondo, grazie anche al proprio marco quotato in Borsa.

Oltre a questo evento, un'altra decisione importante, ma non condivisa dalla Bundesbank, fu quella di erogare incentivazioni finanziarie per l'ammodernamento della struttura industriale orientale. Tutto questo a cosa portò? Porto la Germania ad un **mix di politica economica** con una politica fiscale molto espansiva, per cercare di coprire l'enorme differenza tra Est e Ovest, e una politica monetaria restrittiva, per evitare conseguenze inflazionistiche per i crescenti disavanzi del bilancio pubblico. Una cosa molto importante da considerare è che la Germania si basava molto sulla stabilità dei prezzi, voleva quindi evitare che tutto ciò portasse instabilità generale all'interno del Paese.

Il **Trattato di Maastricht**, negoziato nel 1991 sulla base del **Rapporto Delors**, fu firmato nel febbraio del 1992. Abbiamo detto precedentemente che prima che lo SME entrasse in una crisi irreversibile, anno 1992, ci fu l'adozione dell'Atto unico europeo, che entrò in vigore il 1° luglio del 1987. L'Atto unico europeo stimolò ulteriormente la creazione **dell'Unione Economica e Monetaria (UEM)**. L'Atto poneva come obiettivo principale la costruzione e la creazione dell'UEM. Un importante tassello verso quest'ultima costruzione venne apportato dal Rapporto Delors. **Jaques Delors**, all'epoca Presidente della Commissione europea, era alla guida di un gruppo di esperti, incaricati nel 1988 dal Consiglio europeo, con l'obiettivo della progressiva realizzazione dell'UEM.

Il **Rapporto Delors** venne approvato il 17 aprile del 1989 con l'obiettivo di realizzare l'UEM in 3 fasi distinte tra loro, ma in maniera progressiva:

I.   **Prima fase** (1990-1993): fase intesa come preparatoria con il completamento del mercato interno, riduzione della disparità tra regioni e rimozione di tutti gli ostacoli alla integrazione finanziaria;

II.   **Seconda fase** (1994-1998): questa fase doveva realizzare un elevato grado di convergenza tra le politiche economiche, monetarie e i tassi d'inflazione;

III.   **Terza fase** (dal 1° gennaio 1999): la terza ed ultima fase era caratterizzata dall'uso dell'ECU come unica moneta e da una politica comunitaria comune e con una banca centrale europea, che sarebbe in seguito diventata la BCE.

Andiamo ad analizzare più nel dettaglio ogni singola fase del Rapporto Delors.

La prima fase del Rapporto Delors ebbe inizio precisamente il 1° luglio del 1990, così deciso dal Consiglio europeo. In questa data vennero abolite tutte le restrizioni alla circolazione dei capitali tra gli Stati membri. Il Consiglio, inoltre, conferì maggiori responsabilità al Comitato dei governatori delle banche centrali degli Stati membri della Comunità economica europea che andavano dallo svolgimento di consultazioni sulle politiche monetarie degli Stati membri al coordinamento per conseguire la stabilità dei prezzi. Il **Trattato di Roma**, di cui abbiamo parlato nei paragrafi precedenti, venne revisionato per poter realizzare la seconda e terza fase del Rapporto, al fine di creare la necessaria infrastruttura istituzionale.

Dopo aver effettuato questa revisione, ci fu la stesura del nuovo Trattato sull'Unione Europea, o anche Trattato di Maastricht, dal nome della cittadina olandese in cui fu firmato quest'ultimo il 7 febbraio del 1992. Il trattato, inoltre, conteneva il **Protocollo** sullo statuto del Sistema europeo delle banche centrali e della Banca centrale europea e il Protocollo sullo statuto dell'Istituto monetario europeo. Cosa si ottenne con il Trattato di Maastricht? Prima di tutto dobbiamo fare una piccola precisazione: dal Trattato vennero escluse il Regno Unito e la Danimarca, che ottennero una speciale clausola per "chiamarsi fuori"[4]. Tutti coloro che firmarono il Trattato si impegnavano ad adottare la moneta unica entro il 1° gennaio del 1999. La data era stata decisa per far rispettare alcune condizioni macroeconomiche, i cosiddetti criteri di Maastricht, o anche criteri di convergenza, di cui parleremo successivamente. Il Trattato infatti aveva fissato due date: la prima, il 1° gennaio del 1997, a condizione che la maggioranza degli Stati membri osservasse determinati criteri per poter entrare; se la prima condizione non si fosse verificata, l'unione monetaria avrebbe

---

[4] Opting out: il Regno Unito e la Danimarca non erano obbligate a partecipare alla terza fase dell'UEM.

comunque avuto inizio il 1° gennaio del 1999, anche se fosse stata pronta solo una minoranza degli Stati membri. Nel periodo successivo alla firma del Trattato, lo SME subì una grave crisi, come detto in precedenza. Forti tensioni sul mercato dei cambi portarono la lira italiana e la sterlina inglese ad uscire dal Sistema nel settembre dello stesso anno, 1992. Lo SME fu salvato grazie alla decisione di allargare i margini di fluttuazione da 2,25 al 15 %, ma perse così la sua funzione di disciplina. Tornando alla prima fase del Rapporto Delors, l'entrata in vigore del Trattato era stata prevista il 1° gennaio del 1993, ma a causa di ritardi nei processi di ratifica di Germania e Danimarca, non entrò in vigore fino al 1° novembre dello stesso anno. Così si concluse la prima fase del Rapporto Delors.

La seconda fase del Rapporto va dal 1° gennaio del 1994 al 31 dicembre del 1998. Questa fase può anche essere considerata come una fase di transizione verso quella finale. Purtroppo il 1994 si aprì con un clima di euroscetticismo sparso nella classe politica, tra i tecnici vari e nell'opinione pubblica, questo a causa della grave crisi che aveva colpito lo SME negli anni 1992-93. Nonostante l'euroscetticismo, non tutti abbandonarono il progetto, avendo di mira l'obiettivo dell'Unificazione. La seconda fase gettò le basi per la preparazione tecnica per il passaggio alla moneta unica. Nel 1994 fu costituito e cominciò a svolgere la sua attività a Francoforte **l'Istituto monetario europeo (IME)**, embrione della **BCE**. I compiti principali dell'IME erano:

I.   Controllo del funzionamento dello SME;

II.   Promozione del coordinamento delle politiche monetarie degli Stati membri;

III.   Predisposizione del quadro regolamentare, organizzativo e logistico necessario per l'attuazione della fase finale della UEM, caratterizzata da moneta unica e politiche monetarie uniche.

Nel 1995 finalmente fu scelto il nome della nuova moneta: **euro**. Successivamente, un altro importante passo, fu quello di definire le caratteristiche delle nuove banconote e delle monete metalliche. Inoltre, altra decisione importante appartenente a questa seconda fase fu la seguente: mentre la moneta unica sarebbe stata introdotta il 1° gennaio del 1999 e quindi sarebbero scomparsi contemporaneamente i tassi di cambio intraeuropei e sarebbe stata adottata la politica monetaria unica, le banconote e le monete metalliche europee avrebbero sostituito quelle nazionali solo all'inizio del 2002. L'unificazione, un processo lungo e molto lento, ma che avrebbe portato benefici visibili fin da subito. Nel giugno del 1997 il Consiglio europeo adottò il **Patto di Stabilità e di Crescita (PSC)**, orientato a garantire la disciplina di bilancio dell'UEM. Analizzeremo successivamente tutte le caratteristiche del Patto di Stabilità e di Crescita. La seconda fase si sarebbe conclusa alla fine del 1998, e proprio in quell'anno furono adottate le decisioni finali sull'UEM. Come abbiamo detto per poter entrare all'interno dell'UEM bisognava rispettare alcuni criteri di convergenza sia in ambito economico che in ambito legale. Dopo aver constatato che 11 Stati membri soddisfacessero al meglio le condizioni necessarie per l'introduzione della moneta unica, fu deciso, a unanimità, che questi 11 avrebbero potuto partecipare alla terza ed ultima fase del Rapporto Delors. Regno Unito e Danimarca, come detto in precedenza, non erano obbligati a partecipare alla terza fase, quindi si avvalsero della clausola di **"opting out"**, mentre Grecia e Svezia non avevano ancora raggiunto le condizioni necessarie per l'introduzione della moneta unica. Successivamente a questa decisione, ne furono prese altre due altrettanto importanti:

I. Vennero fissati i tassi di conversione delle valute;

II. Vennero nominati il presidente e gli altri membri del Consiglio direttivo della Banca centrale europea.

Il 1° gennaio del 1999, finalmente, l'euro divenne la moneta unica europea. Iniziò così la terza ed ultima fare del Rapporto Delors.

La terza ed ultima fase del Rapporto Delors, iniziato nel 1990, cominciò ufficialmente il 1° gennaio del 1999: l'euro divenne la moneta unica europea. Verso la fine degli anni 90, il clima generale tornò ad essere positivo e molto più propizio alla moneta unica. Ovviamente il processo di unificazione non si è fermato al Trattato di Maastricht, ma è continuato dopo con due trattati molto importanti:

I. **Il trattato di Amsterdam (1997)**; II.
Il trattato di Nizza (2000).

Questi due trattati erano focalizzati principalmente sugli aspetti politici e istituzionali dell'Unione europea. I due trattati prepararono le istituzioni dell'Unione europea al futuro allargamento ad altri paesi.

Più specificatamente il **trattato di Amsterdam** (1997) conteneva innovazioni che miravano a rafforzare l'unione politica, con nuove disposizioni nelle politiche di libertà, di sicurezza e giustizia.

Inoltre il trattato fece nascere anche una cooperazione tra polizia e giudiziaria in materia penale, oltre all'integrazione di Schengen.[5]

Il trattato di Nizza invece (2000) è considerato uno dei trattati fondamentali dell'Unione Europea. Esso conteneva riforme istituzionali da attuare in vista dell'allargamento dell'Unione ad altri paesi, prima che i membri diventassero 20. Il trattato di Nizza è di fondamentale importanza visto che andò a modificare il trattato di Maastricht e i trattati di Roma. Entrò in vigore il 1° febbraio del 2003.

Tornando all'inizio ufficiale della terza fase con l'euro nei panni di moneta unica, abbiamo visto che fu deciso anche il tasso di conversione delle singole valute: il tasso di cambio, nel caso dell'Italia, fu fissato in 1936,27[6] lire italiane per 1 euro.

L'euro sostituì le valute nazionali come unità di conto, ma questo avvenne per il periodo di transizione dal 1999 al 2001. Il 1° gennaio del 2002 l'euro iniziò lentamente a sostituire le banconote e le monete nazionali, fino a quando, nel febbraio dello stesso anno, le vecchie valute nazionali cessarono di avere corso legale. L'euro era entrato ufficialmente nelle nostre case.

Per quanto riguarda il numero di Paesi partecipanti all'UEM, la Grecia vi entrò nel 2001, dopo aver soddisfatto i criteri di Maastricht. Altri Paesi che aderirono all'UEM furono: Slovenia nel 2007, Cipro e Malta nel 2008, Slovacchia nel 2009, Estonia nel 2011, la Lettonia nel 2014 e infine la Lituania nel 2015. Gli stati membri dell'UEM diventano così 19. [7]

1.2 I criteri di convergenza di Maastricht, articolo 121

Un importante ruolo per la formazione dell'UEM fu svolto dai **criteri di convergenza di Maastricht**[7]: erano criteri, in ambito economico e legale, che dovevano essere obbligatoriamente rispettati da tutti coloro che avevano intenzione di entrare all'interno dell'UEM. Come visto, non tutti i Paesi rispettarono tali criteri alla scadenza per entrare nell'UEM, 1° gennaio del 1999, come ad esempio la Grecia, che tardò, di conseguenza, la sua entrata di qualche anno.

---

[5] Gli Accordi di Schengen, anno 1985, sono un insieme di norme e disposizioni volte alla libera circolazione di cittadini all'interno dello Spazio Schengen, poi integrato nel diritto dell'Unione Europea.

[6] Per molti il tasso di cambio non venne fissato in modo corretto: non è così. Il tasso di cambio tra lira ed euro venne fissato in modo corretto e addirittura favorevole all'Italia, date le condizioni dei mercati valutari di allora. [7] Le fasi del Rapporto Delors sono state consultate sul libro di Macroeconomia (Rudiger, 2014, pp. 320-322).

[7] Criteri di convergenza di Maastricht, Macroeconomia, (Rudiger, 2014, p. 323).

Di cosa trattano tali criteri? Come sono arrivati a scegliere tali condizioni?

I parametri di Maastricht, o più comunemente i criteri di convergenza, vengono rappresentati all'interno dell'articolo **121** del Trattato di Maastricht. Tali parametri trattano dei seguenti argomenti:

I.   **Stabilità dei prezzi**;
II.   **La situazione delle finanze pubbliche**;
III. **Il tasso di cambio**;
IV.   **I tassi d'interesse a lungo termine**.

Questi sono i criteri di convergenza economica, vedremo in seguito quelli di convergenza legale. Andiamo ad analizzare ogni singolo parametro.

Il primo parametro riguarda la stabilità dei prezzi del paese di riferimento. Cosa prevede il trattato? Dal trattato si possono leggere testuali parole: "Il raggiungimento di un alto grado di stabilità dei prezzi [...] risulterà da un tasso d'inflazione prossimo a quello dei tre Stati membri, al massimo, che hanno conseguito i migliori risultati in termini di stabilità dei prezzi". Cosa significa? Sostanzialmente significa che il tasso d'inflazione dello Stato membro di riferimento non deve superare dell'1,5% quello dei tre Stati membri che hanno conseguito risultati migliori in termini di stabilità dei prezzi nell'anno che precede l'analisi della situazione dello Stato membro.

Il secondo parametro di Maastricht riguarda la sostenibilità della finanza pubblica. Sempre il trattato, a riguardo, dice così: "La sostenibilità della situazione della finanza pubblica [...] risulterà dal conseguimento di una situazione di bilancio pubblico non caratterizzata da un disavanzo eccessivo [...]"[8]. Questo parametro riguarda la disciplina di bilancio di un paese. Lo Stato membro doveva rispettare tale disciplina facendo riferimento a due ulteriori parametri importanti:

I.   **Il disavanzo pubblico annuale:** il rapporto tra disavanzo pubblico annuale e Pil non doveva superare la soglia del 3%. In caso contrario, doveva essere necessariamente diminuito in maniera costante fino al raggiungimento di un livello prossimo al 3%. Tale rapporto poteva essere "superato" solo in casi eccezionali e soprattutto temporanei, ma comunque il valore doveva restar vicino a tale livello.

---

[8] Articolo 104, paragrafo 6.

II. **Il debito pubblico:** il rapporto tra il debito pubblico lordo e il Pil non doveva superare il 60%. In caso contrario tale rapporto doveva essere ridotto in maniera sufficiente e doveva avvicinarsi al valore di riferimento con un ritmo adeguato.

Il terzo parametro di Maastricht riguarda il tasso di cambio. Cosa dice il trattato? "Il rispetto dei margini normali di fluttuazione previsti dal meccanismo di cambio del Sistema monetario europeo (+/- 15%) per almeno due anni, senza svalutazione nei confronti della moneta di qualsiasi altro Stato membro". Lo Stato membro sostanzialmente doveva rispettare i margini normali di fluttuazione previsti dal meccanismo di cambio del Sistema monetario europeo, che ricordiamo erano del +/- 15%, nel corso dei due anni precedenti l'esame della sua situazione. Inoltre lo Stato membro non doveva svalutare la moneta nazionale di propria iniziativa durante questo periodo.

Il quarto ed ultimo parametro di Maastricht riguarda la stabilità dei tassi di interesse a lungo termine. Il Trattato a riguardo prevede questo: "I livelli dei tassi di interesse a lungo termine [...] riflettano la stabilità della convergenza raggiunta dallo Stato membro". In pratica i tassi d'interesse nominali a lungo termine non dovevano superare di più del 2% quelli dei tre Stati membri che avevano conseguito i migliori risultati in termini di stabilità dei prezzi appunto. Il periodo di riferimento in questo caso è l'anno precedente l'esame della situazione dello Stato membro.

Ricordiamo che il Trattato di Maastricht venne steso e scritto durante la prima fase dell'UEM. Tali criteri dovevano essere rispettati da tutti gli Stati membri che volevano accedere alla terza ed ultima fase del Rapporto Delors. La decisione di tali parametri è molto intuitiva: non c'è una spiegazione matematica o teorica a tutto ciò. Tali criteri, come ad esempio il rapporto tra debito e Pil al 60%, vennero scelti facendo una media dei valori fatti registrare in passato dai principali Paesi europei.

I parametri appena analizzati riguardano il lato economico di uno Stato membro. Cosa dire invece dei **criteri di convergenza legale?**

Tali criteri si basano su una sola parola: compatibilità. La prima condizione, quella legale appunto, che uno Stato membro doveva rispettare riguardava l'eventuale eliminazione di norme contrarie all'indipendenza della Banca Centrale del Paese e al suo ruolo di parte integrante del sistema europeo delle banche centrali. Nel momento dell'adozione dell'euro da parte di uno Stato membro, tali incompatibilità devono già essere state eliminate.

Tra tutti i criteri analizzati all'interno del Trattato, notevole importanza viene data al disavanzo pubblico e al debito pubblico. Nel caso in cui uno Stato membro non dovesse rispettare tali criteri, partirebbe subito una procedura di infrazione per disavanzi eccessivi. Inoltre alla disciplina di bilancio è presente una clausola tanto contestata: il divieto di salvataggio finanziario. Sostanzialmente la Comunità europea e/o altri Stati membri non possono farsi carico dei debiti contratti da un altro Stato membro, andando contro il significato di "Unione" stesso. Torneremo successivamente sugli obiettivi dell'UEM.

Un altro tassello importante venne apportato dal **Patto di Stabilità e Crescita**.

Il **Patto di Stabilità e Crescita**[9] fu adottato dal Consiglio europeo durante la seconda fase del Rapporto Delors. Più precisamente il PSC venne approvato a Dublino nel dicembre del 1996 ed entrò in vigore l'anno successivo, 1997. L'obiettivo principale del PSC era quello di garantire la disciplina di bilancio nell'ambito dell'UEM, rafforzare il percorso d'integrazione monetaria intrapreso nel 1992 con il trattato di Maastricht.

Il PSC si richiama agli articoli 99 e 104 del trattato di Roma. Abbiamo detto precedentemente che il PSC tendeva a rafforzare le politiche di vigilanza sui deficit e sui debiti pubblici, ma oltre a tutto ciò, venne inserito un nuovo strumento, considerato il pilastro fondamentale del PSC: la procedura per deficit eccessivo (PDE).

In base a tale Patto, tutti gli Stati membri che erano entrati all'interno dell'UEM, soddisfacendo i parametri di Maastricht sopra descritti, dovevano inoltre continuare a rispettare nel tempo i parametri relativi al bilancio dello stato, e cioè:

I.   Un deficit pubblico non superiore al 3% del Pil;
II.   Un debito pubblico non superiore al 60% del Pil.

Questi i due parametri rinforzati dal PSC.

Come abbiamo detto precedentemente venne inserita la Procedura per Deficit Eccessivo (PDE). L'avvio di questa procedura venne affidato all'Ecofin, ossia il Consiglio dei Ministri dell'Economia dei Paesi aderenti all'UEM. Tale procedura era divisa in tre fasi:

I.   **Fase di avvertimento;**
II.   **Fase della raccomandazione; III.   Fase della sanzione.**

---

[9] Patto di Stabilità e Crescita, Macroeconomia, (Rudiger, 2014, p. 324)

La prima fase, quella di avvertimento, considerava uno Stato membro con disavanzo molto vicino al tetto del 3%. In questo caso il Consiglio dei ministri europei approva un avvertimento preventivo, o anche early warning, al quale segue una raccomandazione vera e propria in caso di superamento di tale tetto.

La seconda fase invece, quella della raccomandazione, viene avviata nel caso in cui lo Stato membro, dopo l'avvertimento preventivo, non avesse adottato misure correttive riguardo la propria politica di bilancio. In questo caso viene sottoposta allo Stato membro una sanzione.

La terza ed ultima fase è composta dalla sanzione allo Stato membro. L'ammontare della sanzione presenta una componente fissa dello 0,2% del Pil ed una variabile pari ad 1/10 dello scostamento del disavanzo pubblico dalla soglia del 3%. È comunque previsto un tetto massimo della sanzione pari allo 0,5% del Pil. Queste le tre fasi che compongono la Procedura per Deficit Eccessivo. C'è da specificare una cosa: se lo stato adotta tempestivamente misure correttive, la procedura viene sospesa fino a quando il deficit non viene riportato sotto al livello soglia del 3%. Il primo early warning fu proposto contro l'Irlanda.

L'Italia invece subì una PDE nel 2005, chiusa senza sanzione nel 2008. Ahimè la realtà, dopo l'approvazione del PSC, è stata ben diversa. Proprio per questo motivo sono state avanzate delle critiche durissime contro il PSC. La prima critica nei confronti del PSC è che viene considerato molto rigido, un Patto talmente rigido che non crea effettivamente crescita e stabilità, dal momento in cui esso è stato applicato anche in maniera molto incoerente.

Un'altra critica riguarda la necessità di applicare questo Patto andando a considerare l'intero ciclo economico di un paese e non un singolo bilancio di esercizio. Altra critica avanzata verso il PSC è la seguente: in fase di recessione di un'economia, il limite del 3% non consentirebbe al paese in questione di poter effettuare politiche volte all'espansione dell'economia stessa, questo porterebbe, di conseguenza, al peggioramento di tale recessione. Dal 2002 in poi, infatti, molti Stati membri evidenziavano deficit e livelli del debito pubblico superiori rispetto ai valori soglia fissati dal PSC (**grafico 1**).

Prima abbiamo parlato anche di incoerenza, perché? Facciamo una piccola considerazione: la terza fase della PDE non è ritenuta obbligatoria, ma facoltativa. Questo ha portato all'incoerenza del PSC, perché? Per tanti anni, paesi "grandi" come la Germania e la Francia, hanno evidenziato livelli di disavanzo pubblico e debito pubblico ben oltre la soglia imposta dal PSC. Ahimè, nei confronti della Francia e della Germania, non sono state applicate le dovute sanzioni. Appare quindi evidente quanto sia difficili far valere i vincoli del PSC nei confronti dei "grandi" dell'Unione, che tra l'altro ne furono gli stessi promotori.

Poi una piccola svolta: marzo 2005. Nel marzo del 2005, in risposta alle tante critiche e criticità del Patto, l'Ecofin decise di rendere il PSC molto più flessibile. I vincoli di bilancio, così facendo, potevano essere "sfondati" per giuste cause, per esempio in fasi di recessione del paese, oppure a causa di investimenti per l'innovazione, la ricerca e la riforma del sistema pensionistico. Nonostante la flessibilità del PSC introdotta nel 2005, i governi sono sempre più frenati a spendere più di quanto si possano permettere, aggravando così la situazione non delle attuali generazioni, ma di quelle future. Questo può portare alla formazione di alti livelli di deficit e debito pubblico, che a lungo andare porterebbero i tassi d'interesse a livelli più elevati, andando a danneggiare gli investimenti.

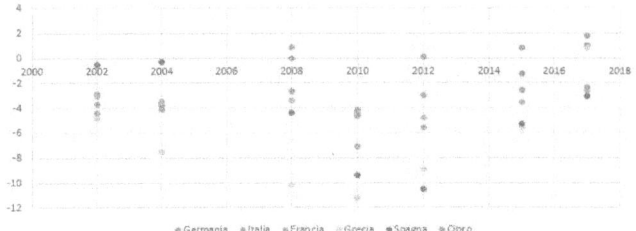

Bilancio pubblico/PIL

● Germania ● Italia ● Francia ● Grecia ● Spagna ● Cipro

Fonte dati: Eurostat[10]

13 dicembre del 2007. In quel giorno veniva firmato il Trattato di Lisbona, o anche noto come Trattato di riforma. È un Trattato internazionale che ha apportato ampie modifiche al Trattato sull'Unione europea, o Trattato di Maastricht, e al Trattato che istituisce la Comunità europea (TCEE). Il Trattato di Lisbona entrò ufficialmente in vigore il 1° dicembre del 2009. Entriamo più nel dettaglio di questo Trattato, considerato come una svolta importante per tutta l'UEM.

---

[10] Le ultime previsione della Commissione europea segnalano questi dati: Pil 0,1 (2019); Investimenti -0,3 (2019); Deficit/Pil 2,5 (2019); Debito/Pil 133,7 (2019).

Perché fu redatto questo nuovo trattato? Qualche anno prima, nel 2005, ci fu un referendum, in Francia e Olanda, per sostituire la Costituzione europea. Vinse il "No", e quindi, quest'ultima restò in vita sino al 2007, anno in cui fu redatto il Trattato di Lisbona.

Il Trattato di riforma ha apportato numerose modifiche alla Costituzione europea, andiamo a vederne alcune:

I.   Il Trattato di riforma ha modificato il Trattato sull'Unione europea e il Trattato che istituisce la Comunità europea. Ad essi, inoltre, vanno aggiunti la **Carta dei diritti fondamentali dell'Unione europea** e il **Trattato Eurotam**;

II.   Sono stati eliminati alcuni simboli europei e si è tornati alle parole come "regolamenti" e "direttive", al posto, rispettivamente, di "leggi europee" e "leggi quadro europee";

III.   L'entrata in vigore del nuovo metodo della "doppia maggioranza", entrato in vigore nel 2014;

IV.   Aumento dei poteri per i Parlamentari nazionali che hanno più tempo per esaminare i regolamenti e le direttive;

V.   Viene introdotta l'energia nella clausola di solidarietà in cui gli Stati membri si impegnano a sostenere gli altri in caso di necessità;

VI.   Viene specificata la necessità di combattere i cambiamenti climatici nei provvedimenti a livello internazionale;

VII.   Viene introdotta la possibilità di recedere dall'UE.

Queste le modifiche apportate alla Costituzione europea. L'ultima in particolare, cioè la possibilità di recedere dall'UE, visto che fino ad allora c'era la possibilità di aderire soltanto, è una delle modifiche della Costituzione più importante, guardiamo il caso Brexit ad esempio, l'uscita del Regno Unito dall'UE.

1.3 La via economica dell'euro

Abbiamo analizzato precedentemente tutti i fattori politici che hanno permesso all'euro e all'UEM di formarsi. Un processo, come visto, molto lento e lungo, dai trattati di Roma a quello di Maastricht. Ora faremo una piccola analisi riguardo gli obiettivi principali, in campo economico, dell'euro.

L'UEM presentava e presenta tutt'ora molteplici obiettivi come ad esempio la libera circolazione di merci, servizi, capitali e persone. In materia di politiche economiche invece il Trattato copriva l'intera gamma di queste ultime.

Abbiamo tre diverse politiche economiche: stabilizzazione, allocazione e redistribuzione. Andiamo ad analizzarle una per volta.

In termini di **stabilizzazione**, gli Stati membri si impegnarono a trattare la propria politica del cambio come un problema di interesse comune e a considerare le loro politiche economiche una questione di interesse comune e a coordinarle. Nel settore monetario, l'elemento chiave della stabilizzazione era il sistema di cambi fissi, basato sul dollaro, istituito e costruito a Bretton Woods.

Oggi le politiche di stabilizzazione si pongono come obiettivo quello di minimizzare le deviazioni di breve periodo dell'economia dal suo punto di equilibrio. Un esempio di analisi delle fluttuazioni di breve periodo sono quelle Keynesiane.

Per quanto riguarda le politiche di **allocazione**, erano contemplati non solo meccanismi di mercato, ma anche metodi di intervento, come ad esempio nel settore agricolo con la Politica agricola comune. Le politiche allocative mirano ad obiettivi prettamente microeconomici. Un esempio di politica allocativa è abbattere gli effetti negativi di alcuni processi produttivi industriali, le cosiddette esternalità negative.

In termini, infine, di **redistribuzione**, il compito principale di quest'ultima politica era quello di sostenere lo sviluppo degli Stati e delle regioni meno avanzate, che venne affidato alla Comunità europea sin dall'inizio, poi ampliato utilizzando fondi strutturali e la Banca europea per gli investimenti (BEI). Le politiche di redistribuzione sono effettuate poiché la Pareto ottimalità (ottimo paretiano: non si può intervenire cercando di migliorare la condizione di un agente economico senza peggiorare quella di un altro) non implica una giustizia sociale.

Da Roma nel 1957 a Maastricht nel 1992, è stata percorsa una via che ha portato l'economia europea dall'ancoraggio al dollaro a una moneta europea propria chiamata euro.

Lungo questo cammino, durato quasi 50 anni, due paradigmi hanno accompagnato l'Europa: la teoria delle aree monetarie ottimali, e la proposizione dei quattro elementi tra loro incompatibili.

La teoria delle aree valutarie ottimali fu sviluppata da Robert Mundell[11] e mise in discussione il rapporto fra Stati e monete. Questa teoria rendeva l'unione monetaria tra più Stati molto accettabile ed efficiente per gli economisti. Mundell elencò al suo interno una serie di fattori e condizioni nelle quali una data area avrebbe ottenuto dei vantaggi dall'adozione di una moneta unica, escludendo i confini politici al suo interno. Tra le condizioni proposte abbiamo la mobilità dei fattori di produzione (forza lavoro e capitale), flessibilità dei prezzi e dei salari, apertura delle economie e diversificazione della produzione e dei consumi.

Il secondo paradigma che ha accompagnato l'Europa nella sua formazione come Unione monetaria è quello dei quattro elementi tra loro incompatibili: politiche monetarie nazionali, libertà di commercio, mobilità dei capitali e tassi di cambio fissi. Questa teoria fu avanzata da PadoaSchioppa[12] nel 1982 e metteva in luce l'evidente difficoltà che la Comunità europea incontrava nell'attuare una libera circolazione dei capitali in un regime di cambi fissi, lasciando, dunque, la politica monetaria in mano alle autorità Nazionali. La teoria era un'applicazione dell'analisi di Mundell-Fleming[13] sugli aspetti macroeconomici di economie aperte e caratterizzate da perfetta mobilità di capitali.

Diciamo che questo paradigma aveva messo in luce, in Europa, la necessità di una moneta unica, pur restando in dubbio a causa della teoria delle aree valutarie ottimali (analizzeremo successivamente questa teoria, molto criticata dagli economisti moderni).

Un ruolo molto importante è quello svolto, oggi, dalla BCE. Vedremo nel prossimo capitolo come la BCE influenza gli investimenti delle singole Banche Centrali di ogni singolo Stato membro. [14]

---

[11] Robert Alexander Mundell è un economista canadese, vincitore del premio Nobel per l'economia nel 1999. Ha insegnato all'Università di Chicago e alla Columbia. È conosciuto per la teoria delle aree valutarie ottimali elaborata nel 1961. È considerato uno dei più influenti teorici dell'architettura dell'Euro.

[12] Tommaso Padoa-Schioppa è stato un economista e politico italiano. Padoa-Schioppa ha fatto parte delle più alte istituzioni finanziarie italiane (Banca d'Italia) ed europee (Commissione e BCE). Convinto europeista, ha fatto parte del Comitato Delo che ha disegnato la strada per la creazione della moneta unica.

[13] Il modello Mundell-Fleming è un modello economico esposto per la prima volta da Robert Mundell e Marcus Fleming. Questo modello è un'estensione del modello IS-LM. Mentre il modello IS-LM descrive l'economia sotto una condizione di autarchia (Indirizzo di politica economica che, sfruttando le risorse proprie di uno stato, tende a renderlo autosufficiente e quindi economicamente indipendente dai paesi esteri), il sistema Mundell-Fleming prova a descriverlo in economia aperta.

[14] Il paragrafo "La via economica dell'euro" è stato sviluppato tenendo in considerazione il capitolo 1 del libro di Politica economica (Russo, 2012) e il capitolo 1 del libro "L'euro e la sua banca centrale" (Padoa-Schioppa, 2004)

1.4 Il ruolo delle banche centrali e della BCE

Le banche centrali, negli ultimi 50 anni, hanno subito cambiamenti drastici, soprattutto dopo la crisi finanziaria mondiale del 2008. Vedremo, in questo capitolo, qualche cenno storico riguardo le banche centrali di ogni singolo Paese, per poi proiettarci verso la BCE.

In età contemporanea le banche centrali hanno assunto sempre più un ruolo preposto al controllo dell'inflazione. Più specificatamente, dagli anni 70 in poi, sono stati aggiunti obiettivi come quello della stabilità dei prezzi. Dagli anni 90 in poi ha assunto un ruolo sempre maggiore l'efficacia della comunicazione della banca centrale, che è legata alla credibilità della banca centrale stessa. Dal 2007 in poi invece le banche centrali hanno assunto un ruolo molto attivo nel contrastare eventuali crisi economiche nazionali e mondiali, ma anche nel cercare di prevenire queste ultime, cercando di agire senza troppi rischi, soprattutto dopo la crisi finanziaria del 2008, partita dai subprime americani.

Uno dei ruoli più importanti oggi delle banche centrali è sicuramente quello di creare moneta ad alto potenziale, cioè la **base monetaria.** La BC (banca centrale) stampa banconote e fornisce liquidità alle banche al fine di favorire e assicurare la stabilità dei prezzi e cercare di mantenere il sistema dei pagamenti quanto più efficiente possibile.

La BC può aumentare o diminuire l'offerta monetaria. Come? Attraverso le operazioni sul mercato aperto. Succede che sul mercato bancario le operazioni di credito, di deposito e di pagamento non sempre sono equilibrate. Per questo motivo le banche si prestano denaro a vicenda in termini davvero brevissimi, sul mercato interbancario.

Come può, la BC, influenzare l'atteggiamento delle banche del singolo Stato? Attraverso le riserve obbligatorie. Cioè una parte dei depositi ricevuti dalle banche, viene trasferito presso la BC. Ovviamente, se la BC dovesse aumentare il coefficiente di riserve obbligatorie, le banche sarebbero meno disposte a concedere prestiti e/o finanziare attività d'impresa. Il coefficiente di riserve obbligatorie non è altro che un costo per le banche nei confronti delle BC. Alcuni paesi hanno eliminato questo coefficiente, la BCE invece presenta, attualmente, un coefficiente di riserve obbligatorie molto basso.

Le banche in Europa sono banche universali, ovvero sia banche commerciali, sia banche di investimento. Queste ultime sono banche che intervengono sui mercati finanziari e svolgono anche ruolo di consulenza. Una parte delle attività finanziarie è svolta tramite fondi d'investimento oppure tramite enti specializzati controllati dalle banche. Sono enti che dipendono dalle banche, ma giuridicamente sono indipendenti. Così facendo è venuto a crearsi un sistema bancario parallelo, il cosiddetto **shadow banking system**.[15]

Quali sono invece gli strumenti utilizzati dalla BCE? Ovvero, quali sono gli strumenti di politica monetaria utilizzati?

Prima di tutto cos'è la BCE? La BCE è un'istituzione federale dell'Unione europea il cui statuto è stabilito dal Trattato sul funzionamento dell'UE. Essa è diretta da un comitato esecutivo di 6 membri, tra cui il presidente e il vicepresidente. La politica monetaria della BCE è decisa dal Consiglio dei governatori, composto dal comitato esecutivo e da tutti i governatori delle banche centrali dei paesi che hanno adottato l'euro come moneta. La politica monetaria poi viene gestita in maniera decentralizzata grazie all'**Eurosistema,** formato dalla BCE e dalle banche centrali dei paesi euro. Ad esempio le banche che hanno sede in Italia si finanziano presso la Banca d'Italia e le banche francesi presso la Banca di Francia.

Gli strumenti di politica monetaria utilizzati dalla BCE sono 4, e sono: riserve obbligatorie, Marginal lending facility e Marginal deposit facility, Operazioni principali di rifinanziamento (MRO) e Operazioni di rifinanziamento a lungo termine (LTRO), strumenti non convenzionali Covered Bond Purchase Program (CBPP) e programmi di acquisto di obbligazioni emesse dai governi dei paesi dell'Eurozona sul mercato secondario (OMT).

Le **riserve obbligatorie** costituiscono circa l'1% dei depositi a vista e dei depositi a meno di due anni.

Le **permanent facilities** assicurano liquidità in situazioni di crisi e costituiscono i margini entro cui si muove il tasso d'interesse a brevissimo termine.

MRO e **LTRO** sono due forme di rifinanziamento. MRO, ogni settimana l'Eurosistema fornisce liquidità attraverso l'acquisto di titoli pubblici o privati via operazioni di **repo,** in forma di aste a chiamata. La BCE conduce anche, ogni mese, operazioni di rifinanziamento a lungo termine, LTRO, con scadenza trimestrale. Queste ultime operazioni possono essere condotte anche in casi eccezionali, come è accaduto nel 2011, 2012 e 2014.

Strumenti non convenzionali. In estrema crisi la BCE interviene acquistando obbligazioni emesse dai paesi dell'Eurozona sul mercato secondario. Gli obiettivi di tale strumento sono molteplici:

---

[15] Politica economica (Russo, 2012)

---

ridurre l'esposizione a rischio delle banche; riattivare i prestiti sul mercato interbancario; preservare il meccanismo di trasmissione monetaria attraverso le banche. Infine, questi strumenti, servono a mantenere bassi i tassi d'interesse pagati dai governi sui titoli nazionali, riducendo il debito pubblico attraverso una riduzione degli oneri di servizio sul debito. [16]

[16] Politica economica (Russo, 2012, pp. 216-220)

CAPITOLO 2

L'ITALIA PRIMA E DOPO MAASTRICHT

Nel capitolo 1 abbiamo avuto l'occasione di parlare dell'introduzione dell'euro come moneta unica. Partendo dai Trattati di Roma siamo arrivati a quello di Maastricht, essendo il trattato per eccellenza. Mentre nel primo capitolo ci siamo focalizzati su Maastricht e i suoi parametri, nel secondo analizzeremo la nostra Italia prima e dopo l'introduzione della moneta unica. L'analisi che andremo a fare riguarderà alcune variabili importanti come il debito pubblico, l'inflazione, il tasso di crescita e di produttività del nostro Paese.

2.1 Il debito pubblico italiano

La prima variabile che andremo a considerare e a trattare sarà il nostro amato **debito pubblico**. A detta di molti uno dei maggiori problemi oggi in Italia, visto e considerando che il livello del nostro debito pubblico, nel 2017, era del 131,6% del Pil[17]. Prima cosa da chiarire: cos'è il debito pubblico? Come ogni soggetto economico, anche lo Stato ha bisogno, qualche volta, di denaro. Il debito pubblico, in economia, non è altro che il debito dello Stato, in questo caso Italia, nei confronti di altri agenti economici come le imprese, le banche o anche altri Stati esteri. I soggetti terzi acquistano obbligazioni o titoli di stato (BOT, BTP, ecc), avendo, così, un credito nei confronti dell'Italia in questo caso. Più aumenta il debito pubblico, più lo Stato rischia di non poter ripagare i propri creditori. Su quest'ultima frase abbiamo avuto alcune considerazioni negli ultimi anni: alcuni economisti sostengono che uno stato possa aumentare il proprio debito pubblico anche all'infinito; altri economisti sostengono, invece, che non è il debito pubblico a creare problemi nell'economia italiana, ma bensì il debito estero, ossia debito contratto verso creditori stranieri.

Più che considerare il debito pubblico in termini assoluti, andremo a considerare il debito pubblico in rapporto al Pil, dove in questo caso il Pil rappresenta un indice che ci dice quanto uno stato sia capace di risanare il proprio debito pubblico ad esempio grazie all'imposizione fiscale. Che significa? Significa che lo Stato può avere anche un debito pubblico molto elevato, ma se ad un elevato debito pubblico dovesse corrispondere un elevato Pil, in quel caso, non dovrebbe essere presente un rischio di insolvenza. Quello che importa, quindi, è il **rapporto debito/Pil**, rapporto che rientra anche nei parametri di Maastricht come abbiamo visto nel capitolo 1.

La storia del nostro debito pubblico parte da anni e anni fa. Diciamo che, in tutta la storia d'Italia, abbiamo avuto quattro momenti critici dove abbiamo accumulato tanto debito pubblico. Tre di

---

[17] http://www.infodata.ilsole24ore.com/2017/12/31/andato-2017-pil-debito-deficit-confronto-internazionale/

questi momenti, vedremo, sono stati molto prevedibili perché sono coincisi con eventi storici di natura catastrofica, mentre, un ultimo momento, è quello meno prevedibile, quando meno te l'aspetti.

Abbiamo iniziato ad accumulare debito nel lontano 1897, con la Grande Depressione. Altri due momenti di grande accumulo di debito coincidono, ovviamente, con le due Guerre mondiali. Come abbiamo detto in precedenza, questi tre momenti sono momenti molto prevedibili dal punto di vista storico, economico e politico. Abbiamo un quarto momento di grande accumulo, quello meno prevedibile e soprattutto quello più dannoso: **dal 1974 al 1994**[18]. Questi 20 anni sono stati quelli più lunghi e catastrofici in termini di debito pubblico. Siamo partiti da un rapporto debito/Pil del 54,5% nel 1974, fino ad arrivare ad un rapporto debito/Pil pari a 124,3% nel 1994. L'Italia, purtroppo, non è mai riuscita a risanare il debito accumulato in quei 20 anni, è lì che giace il problema. Nemmeno dopo l'avvento della moneta unica l'Italia è riuscita a risanarsi, nonostante avesse chiuso 22 bilanci pubblici su 23 in attivo tra il 1995 e il 2017.[19] Tante persone sostengono che la moneta unica abbia aggravato il nostro debito pubblico, forse, in parte è vero, ma non del tutto. Se l'Italia oggi si trova in determinate condizioni, come l'elevato debito pubblico, non è colpa della moneta unica, ma di politiche errate e sbagliate fatte in quel ventennio (1974-1994). Una tregua l'Italia l'ha avuta: nel 2007 il rapporto debito/Pil era tornato sotto al 100%, poi purtroppo, come tutti sanno, la Grande recessione ha abbattuto il Pil italiano di quasi dieci punti percentuali, facendo schizzare alle stelle, nuovamente, il debito pubblico. Perché abbiamo avuto quell'impennata di debito pubblico? Perché proprio in quei 20 anni? Per capire tutto ciò bisogna fare un passo indietro, prima degli anni 70.

Gli anni 60 appartengono alla fine del "miracolo economico" italiano. Tanti paesi, tra cui l'Italia, mettono a disposizione dei cittadini grandi welfare state con miglioramento di servizi sanitari e previdenza sociale. Che succede? La spesa pubblica inizia ad aumentare, tant'è che in Italia tra il 1960 e il 1980 il rapporto spesa pubblica e Pil sale da 30,1% a 40,6%. L'Italia può permettersi, in quegli anni, tale ammontare di spese. Dieci anni dopo, nel 1970, il nostro rapporto debito/Pil era aumentato, di poco, ma era aumentato: 36,9% al 41,1% del Pil. Il Pil inizia a crescere meno e nel 1973 abbiamo la **crisi petrolifera** che fa decollare l'inflazione. Pensate che l'indice dei prezzi al consumo passò da 5,2% nel 1972 al 19% nel 1974, mantenendosi successivamente attorno al 15%

---

[18] Andamento del debito pubblico italiano: come, quando e perché si è formato (https://www.ilsole24ore.com/art/finanza-e-mercati/2018-10-18/debito-pubblico-come-quando-e-perche-e-esplosoitalia-172509.shtml?uuid=AEMRbSRG).

[19] L'Italia è stata l'unico Stato membro dell'Eurozona a fare ciò.

nel decennio 70-80, per poi aumentare ancora nei primi anni 80. Livelli di inflazione così alti cosa causano? Causano una chiusura di bilanci pubblici in negativo, con deficit del 10% del Pil.

Ovviamente il rapporto debito/Pil aumenta notevolmente: tra il 1970 e il 1973 si passa da un 41% a un 51,1%, fino ad avere un debito/Pil pari a 59,5% (primi anni 80'). [20]

Un importante evento con costi elevatissimi e che, purtroppo, ha segnato per sempre il nostro Paese causando un aumento del debito pubblico è il **divorzio tra Banca d'Italia e Tesoro**. Questo divorzio è considerato il più costoso della storia d'Italia, arrivando a costare agli italiani oltre mille miliardi di euro e portando al soffocamento della nostra economia. Nel 1981 per volere del ministro Andreatta e in accordo con il Governatore della Banca d'Italia Ciampi, fu decretata la fine alla possibilità del governo di finanziare monetariamente il disavanzo. Che significa? Significa che dal 1981 la Banca d'Italia non può acquistare Titoli di Stato emessi dal Tesoro sul mercato primario. Tale processo aveva consentito fino ad allora al nostro Paese di tenere sotto controllo il debito pubblico, ma permise alla lira di restare all'interno del Sistema monetario europeo (SME). Da qui in poi l'Italia per finanziare la propria spesa doveva far riferimento ai mercati finanziari privati con tassi d'interesse di tutt'altra entità. Gli effetti furono immediati: sempre ragionando in euro i 142 miliardi di debito del 1981 (58% del Pil) dopo tre anni erano raddoppiati; dopo quattro, triplicati (429 miliardi), superando quota 1000 nel 1994, pari al 124,3% del Pil.

Bisogna dire che l'Italia per tutti gli anni 80 chiuse bilanci con saldi primari (differenza tra le entrate e le spese delle amministrazioni pubbliche, escluse le spese per interessi passivi) negativi. Il tasso d'inflazione in Italia nel 1985 era pari al 10% circa e quindi indebitarsi per l'Italia era molto costoso. Ed è proprio qui che il rapporto debito/Pil cresce a dismisura. Era appena sotto il 60% del Pil nel 1980, ma volò al 100% nel 1990. Nell'estate del 1992, pochi mesi dopo la firma del trattato di Maastricht, il finanziere George Soros mette alla prova la tenuta dello Sme con un attacco speculativo e spinge la sterlina inglese e la lira quasi fuori dal sistema, costringendo la Banca d'Italia a una svalutazione del 7%.

Nel 1994 il debito pubblico raggiunge il **124% del Prodotto interno lordo**.

Ecco perché il rapporto debito/Pil è più che raddoppiato in venti anni. Ad aggravare la situazione, ahimè, fu la firma al Trattato di Maastricht che poneva come limite il rapporto debito/Pil al 60%.

---

[20] Shock petrolifero "Il tramonto dell'euro" (Bagnai, 2016, p. 9)

Infine l'introduzione dell'euro: senza una banca centrale che possa fungere da ultima istanza, l'Italia si è sottomessa a Bruxelles tagliando spesa pubblica e aumentando la tassazione.

Vedremo nel capitolo 3 i vantaggi e gli svantaggi dell'euro in termini economici.

(Grafico 2: il rapporto debito/Pil dal 1861 al 2017 – Fonte sito web avvenire.it)

Grafico 2[21]

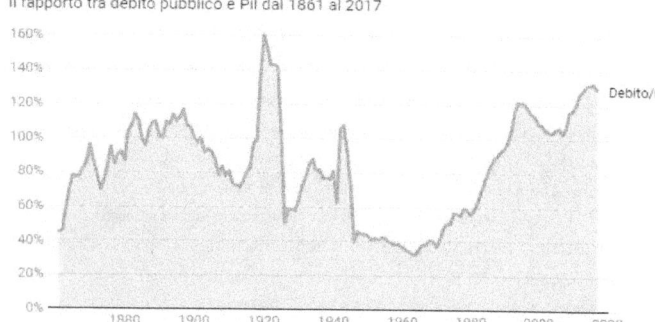

Fonte dati: avvenire.it

Un ulteriore problema dell'Italia oltre ai tassi d'interesse elevati, ma che sono scesi, fortunatamente, al 4% nel 2016, è la crescita. Purtroppo dal 1994 in poi l'Italia si è indebitata, ma ha sfruttato molto male queste risorse. Il Pil italiano è cresciuto più di quello medio dei paesi fondatori dell'euro negli anni '60 (+5,7% contro 5,3%) e negli anni '70 (+3,8% contro +3,4%), per poi farsi raggiungere negli anni '80 (quando sia l'Italia che la zona euro crescevano del 2,4% all'anno) e quindi farsi staccare. Negli anni 90 il Pil italiano è cresciuto dell'1,7% all'anno contro una media europea del 2,2%. Negli anni 2000 invece abbiamo avuto una crescita annua dello 0,3% contro 1,1% di media in Europa. Purtroppo da lì in poi l'Italia ha avuto una crescita annua praticamente pari a zero, fino a recuperare leggermente nel 2017 con +1,5% contro una media europea del 2,5%. L'Italia, come abbiamo visto, non è riuscita a recuperare il tanto, forse troppo debito pubblico accumulato negli anni precedenti a Maastricht. Il Divorzio ha peggiorato le cose, rendendo il rapporto debito/Pil

---

[21] Dal sito web avvenire.it si può osservare l'andamento del debito pubblico italiano negli ultimi 50 anni circa.

molto più fragile e soprattutto quasi inguaribile. L'entrata con il Trattato di Maastricht ha reso le cose difficili, ma che erano già di per sé complicate. Senza crescita e senza spazio finanziario sostanzialmente il nostro Paese si trova intrappolato all'interno del debito pubblico creato, come visto, in un'altra epoca.

Grafico 3[22]

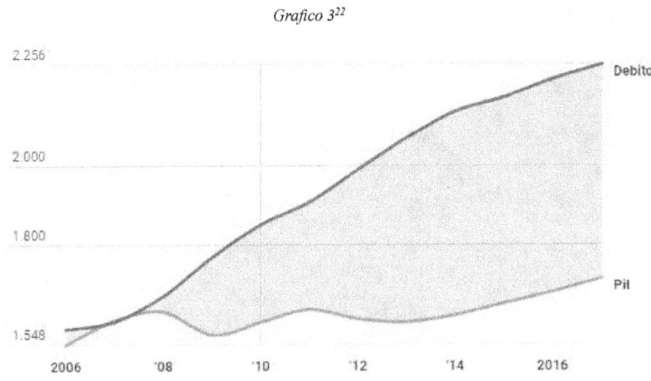

Fonte dati: Istat

La crisi con la quale conviviamo da oramai 10 anni è una conseguenza, seppur in maniera ridotta, della crisi scaturita nel 2007 negli USA a causa dei **mutui subprime**. In seguito allo scoppio della bolla immobiliare abbiamo avuto un vero e proprio effetto domino in tutte le economie del mondo. Abbiamo avuto quindi la crisi delle banche per mancanza di liquidità, alcune istituzioni finanziarie sono fallite (Lehman Brothers). Visto e considerando che oggi tutti gli Stati del mondo sono fortemente interdipendenti tra loro, sia in termini economici che finanziari, la crisi degli Stati Uniti si è diffusa in tutto il mondo. Il Pil mondiale è crollato per la prima volta dal secondo dopoguerra nel 2009, basti guardare il *grafico 4* che raffigura il crollo del Pil italiano. L'obiettivo primario in questo caso era quello di salvaguardare il sistema finanziario stesso, cercando di salvare banche e

---

[22] Grafico 3: andamento del debito pubblico e del Pil negli ultimi anni.

istituzioni finanziarie. La crisi scaturita dalla bolla immobiliare statunitense è stata molto, ma molto, peggiore rispetto a quella del 29.

La crisi dei debiti sovrani in Europa può essere fatta risalire al 2010, quando si scoprì che il Governo greco aveva falsificato i dati in bilancio per poter rientrare all'interno dei parametri di Maastricht. Il debito pubblico e il deficit della Grecia vennero rivalutati e si iniziò ad avere una completa sfiducia nei loro confronti. La Grecia venne rivalutata totalmente e solo grazie all'intervento del FMI, con un sostanzioso finanziamento, si evitò il default.

Grafico 4[23]

Fonte dati: Il Sole 24 Ore

Questo cosa portò? Abbiamo parlato prima di interdipendenza tra gli Stati. Ebbene sì, la crisi greca influenzò e contagiò altri paesi all'interno dell'Eurozona. Il debito pubblico e la situazione finanziaria iniziarono a peggiorare, ed entrarono in crisi nell'ordine Irlanda, Portogallo, Spagna e Italia. In questi paesi, dove il rischio di default iniziò ad aumentare, i tassi d'interesse salivano, ma salivano anche i premi pagati dai detentori di titoli di Stato per assicurarsi da una possibile insolvenza, perché ovviamente il rischio era molto elevato. L'innalzamento dei tassi d'interesse

---

[23] Crollo del Pil in Italia.

provocò una caduta del valore dei titoli di Stato. La maggior parte dei titoli di Stato erano e sono detenuti dalle banche. Quindi per farla breve: i tassi d'interesse aumentano; aumenta il rischio dei titoli di Stato; tassi d'interesse alti provocano una caduta del valore dei titoli di Stato; i titoli di Stato detenuti dalle banche perdono valore; di conseguenza anche il rischio di insolvenza delle banche aumenta; infine, per chiudere, il valore di queste banche crolla in borsa. È tutto un circolo virtuoso messo in moto da cosa? Dal crollo immobiliare nel 2007! Ecco perché gli effetti di determinate scelte, che siano in campo economico e/o finanziario, non si vedono fin da subito.

La crisi del debito sovrano europeo[24] cosa ha causato? Ha causato un aumento del debito sovrano nelle economie più avanzate, debito che, come ricordato nel primo paragrafo, aveva già iniziato ad accumularsi anni e anni prima. Il rapporto debito/Pil nelle economie avanzate, da allora, è vicino, se non oltre, al 100%, soprattutto nei PIIGS.[25]Come risolvere tutto ciò? O meglio, come si è cercato di risolvere tale problema? Attraverso le **misure di austerità**. Queste misure, volte a tagli di spesa pubblica al fine di ridurre il deficit pubblico, vanno a danneggiare, in parte, l'economia. Perché? Perché se da una parte tendono a ridurre il deficit pubblico cercando di far tornare alla normalità la situazione economico-finanziaria di uno Stato, dall'altra parte invece tendono a ridurre spesa pubblica e quindi possibili investimenti, aumento della pressione fiscale e/o restringimento delle pensioni, considerando che la spesa pubblica contribuisce in linee generali al prodotto interno lordo (PIL).

2.2 L'inflazione in Italia

La seconda variabile che andremo a considerare e ad analizzare è il **tasso d'inflazione**, componente molto importante dell'Eurozona. Proprio parlando di Eurozona, il tasso d'inflazione è l'obiettivo principale della politica monetaria attuata dalla BCE, e lo strumento per raggiungere tale obiettivo è il tasso d'interesse. Negli ultimi anni, per nostra fortuna, abbiamo avuto tassi d'inflazione molto bassi rispetto al passato. Intanto premetto che l'obiettivo della BCE, così come anche quello della FED, inerente al tasso d'inflazione è del **2%** annuo.[26]

---

[24] Per approfondimenti e consultazioni:
https://www.ilsole24ore.com/art/SoleOnLine4/Finanza%20e%20Mercati/2010/04/crisi-creditointro.shtml?uuid=ABgRD8L
[25] PIGS, PIIGS (o GIPSI), PIIGGS e PIGGS sono acronimi utilizzati da giornalisti economici, per lo più di lingua inglese, per riferirsi a diversi Paesi dell'Unione europea, in particolare Portogallo, Italia, Grecia e Spagna accomunati da situazioni finanziarie non virtuose e deficitarie.
[26] Mantenere un tasso d'inflazione molto basso.

Ecco cosa c'è scritto sul sito della Banca Centrale Europea:

"L'obiettivo principale del Sistema europeo di banche centrali [...] è il mantenimento della stabilità dei prezzi." (Articolo 127 del Trattato sul funzionamento dell'Unione europea)

Questa è la disposizione principale in materia di politica monetaria sancita dal Trattato sul funzionamento dell'Unione europea. Incentrando su tale obiettivo la politica monetaria della Banca centrale europea, il Trattato riflette il pensiero economico moderno per quanto concerne il ruolo, la portata e i limiti della politica monetaria e stabilisce il fondamento, in termini istituzionali e organizzativi, dell'attività di banca centrale nell'Unione economica e monetaria.

Il Consiglio direttivo della BCE si propone, quale obiettivo primario, di mantenere l'inflazione su livelli inferiori ma prossimi al 2% nel medio periodo. A tal fine le sue decisioni si fondano su una strategia di politica monetaria basata su due pilastri e sono attuate avvalendosi di un assetto operativo."[27]

Prima di analizzare la situazione italiana, definiamo il tasso d'inflazione: cos'è? Il tasso d'inflazione non è altro che un indicatore della variazione del livello generale dei prezzi in un determinato periodo, e indica, di conseguenza, la variazione del potere d'acquisto della moneta di riferimento. In Italia questo tasso viene calcolato dall'ISTAT. Facciamo una breve panoramica storica sull'inflazione in Italia.

A detta di molti l'euro ha portato inflazione in Italia, riducendo il nostro potere d'acquisto: questo non è vero. Nel 2002, come detto nel capitolo 1, venne introdotto l'euro sotto forma di denaro contante all'interno degli Stati membri dell'UEM. Sapete la media storica dell'inflazione italiana a quanto ammonta? 5,5%. La media del periodo dell'euro invece è dell'**1,7%.** Ecco un grafico inerente alla media storica dell'inflazione italiana nel **grafico 5**. Come possiamo vedere prima dell'ingresso in Eurolandia l'inflazione era molto elevata, tant'è che, come abbiamo visto, la media annua italiana era pari al 5,5%. Abbiamo avuto picchi d'inflazione, ossia **iperinflazione**[28], alla fine degli anni 70 fino a metà anni 90. Perché iperinflazione? La causa di tale decollo fu la crisi petrolifera, già accennata all'interno del paragrafo del debito pubblico. Cosa è successo? Ci fu un aumento improvviso del prezzo del petrolio e di tutti i suoi derivati, provocando una profonda crisi, visto e considerando che il petrolio era la principale materia energetica sia per usi di consumo, che uso industriale.

---

[27] L'intero articolo è stato consultato e prelevato tramite il sito della Banca Centrale Europea:
https://www.ecb.europa.eu/ecb/tasks/monpol/html/index.it.html
[28] Nei periodi di iperinflazione, l'inflazione raggiunge valori così elevati da indurre, per contrastare la perdita di potere d'acquisto, a sostituire la moneta con valuta estera o addirittura a ricorrere a forme di baratto. Per l'economista P. Cagan si ha iperinflazione se la crescita dei prezzi è superiore al 50% mensile, come accaduto in 5 Paesi europei dopo la Prima guerra mondiale, tra cui la Germania, e in due dopo la Seconda.

ITALIA, INFLAZIONE ANNUA
Incremento annuale dell'indice dei prezzi: dati mensili (Fonte: Istat)

Fonte dati: Il Sole 24 Ore

Cosa comportò tutto questo? Le economie dei Paesi importatori di tale materia vennero colpite da un'inflazione a doppia cifra in pochissimo tempo. Come possiamo vedere nel grafico 5, l'inflazione aumentò drasticamente proprio prima del 1975: 1973 appunto. Come descritto nel paragrafo precedente, questa crisi durò circa vent'anni, fino al 1994. La produzione, in quei tempi, diminuì del 10% circa. Per rispondere a questa crisi l'Italia, così come anche altri paesi dell'OCSE (Organizzazione per la cooperazione e lo sviluppo economico), attuarono misure restrittive volte al contenimento dell'inflazione, della spesa pubblica, ma anche volte ad un uso minore dei mezzi privati. Queste misure purtroppo fallirono.

L'Italia riuscì a controllare l'inflazione nei primi mesi, ma dovette arrendersi al continuo aumento dei prezzi delle fonti energetiche che causarono quindi ancora inflazione. Il problema della crisi non era soltanto il prezzo del petrolio, ma anche altre variabili come l'aumento della popolazione, i

---

[29] Media storica dell'inflazione italiana. Le ultime previsioni della Commissione Ue evidenziano un'inflazione in Italia dello 0,9% (2019).

cambiamenti climatici, lo sperpero di risorse esauribili. Il quadro era un quadro molto più complesso rispetto all'apparente realtà legata solo ed esclusivamente al petrolio. Purtroppo non vennero prese misure volte a sostenere sviluppo a lungo termine, ma si pensò al breve termine, all'immediato, e questa fu una scelta sbagliata. Dopo la crisi petrolifera del 73 ne arrivò un'altra, un po' diversa rispetto alla precedente: **la crisi energetica del 79**. Questa crisi possiamo individuarla anche nel *grafico 5* precedente: basti guardare intorno al 1980 circa. Dopo un calo dell'inflazione, quest'ultima aumentò alla fine degli anni 70. Cosa è successo nel 79? Gli effetti di questa crisi furono meno gravi rispetto alla precedente, ma più duraturi. Fu una vera e propria frustata all'Italia, ancora debole dopo il 73. Nel 79 ci fu, a differenza della prima crisi, una vera e propria inflessione, diminuzione, dei prezzi dell'energia[30], e il dollaro andò al ribasso. Cosa portò questo? I Paesi arabi presero coscienza del loro potere e iniziarono a fissare il prezzo del petrolio in maniera del tutto indipendente. La crisi del 79 portò un'altra ondata di inflazione e disoccupazione, incidendo fortemente sulle economie industrializzate. Gli anni 70, per l'Italia così come per altri Paesi, furono gli anni bui, anni di crisi e soprattutto si ebbe la manifestazione di fenomeni di **stagflazione**, ossia disoccupazione e inflazione nello stesso momento. Ciò portò ad una sfiducia nei confronti dei modelli keynesiani. Tornando all'analisi del tasso d'inflazione in corrispondenza dell'entrata in zona euro, possiamo affermare che l'euro non ha portato tassi d'inflazione elevati, anzi. Bisogna ricordare che l'obiettivo primario della BCE è quello di mantenere tassi d'inflazione inferiori ma prossimi al 2% nel medio periodo.

Alcuni consumatori invece si sono lamentati del fatto che con l'introduzione dell'euro molti prodotti abbiano avuto un incremento di prezzo, e questo è vero. Dai dati ISTAT possiamo vedere che a dicembre del 2001, rispetto all'anno precedente, molti prezzi già erano in forte aumento: ristoranti (+3,8%); alberghi (+5,8%); servizi postali (+25,8%); polizze assicurative (+16%); frutta (+7,6%); ecc. Perché è accaduto tutto ciò? Possiamo far riferimento ad una caduta dei prezzi dell'energia (-5%) e dei carburanti (-10,3%) come causa principale. All'inizio del 2002 però abbiamo avuto subito la fine di tale fenomeno, ma ormai i prezzi erano già aumentati. Infine, dopo l'entrata in zona euro, abbiamo assistito ad una diminuzione del tasso d'inflazione, in alcuni casi, anche negativo. [31]

La domanda che pongo ora è la seguente: qual è il tasso d'inflazione ottimale?

---

[30] A seguito della rivoluzione iraniana del 1979.
[31] Come si può leggere sul sito del Sole 24 Ore, la moneta unica non ha portato inflazione.
(https://www.ilsole24ore.com/art/mondo/2017-02-27/cinque-luoghi-comuni-no-euro-sfatare112318.shtml?uuid=AEwoNle)

Abbiamo visto che tassi d'inflazione elevati, a doppia cifra (iperinflazione), causano non pochi problemi al paese di riferimento. È opportuno ed efficace tenere un'inflazione bassa, ma fino a che punto? Diciamo che il **tasso d'inflazione ottimale** non è né troppo alto, né troppo basso: un'inflazione moderata. Un'iperinflazione cosa potrebbe causare? Un ritiro più frequente agli sportelli automatici, in modo da evitare di detenere una quantità di moneta senza valore. Tuttavia, un'inflazione elevata colpisce il valore reale di tutti i redditi e di tutti gli asset non indicizzati (i titoli indicizzati aumentano di valore al crescere dell'inflazione, quelli non indicizzati ovviamente no). Quindi di conseguenza l'iperinflazione va a danneggiare particolarmente le fasce più povere della popolazione. Nel 1996 fu dimostrato che la crescita diminuisce nel caso di un'inflazione superiore a una cifra compresa tra il 20 e il 40% all'anno, molto vicina alla soglia di iperinflazione. Si stima tra gli 0,3 e gli 0,4 punti percentuali la mancata crescita causata da un'inflazione in eccesso di 10 punti percentuali. Quindi è assodato che inflazione alta generi danni profondi ad un'economia, ma un tasso d'inflazione basso?

L'inflazione può essere anche troppo bassa e, in quel caso, ciò deriva dal fatto che ci sia troppa asimmetria informativa e rigidità delle variabili nominali. Un'inflazione molto vicina allo zero rischia di scatenare un fenomeno chiamato **trappola della liquidità**[32]. In quel caso una politica monetaria espansiva non avrebbe nessuno effetto sul livello di attività Y. In caso di deflazione, quando un tasso d'interesse reale vicino allo zero sarebbe utile, è di fatto impossibile raggiungerlo.

Quindi, in conclusione, abbiamo visto che iperinflazione, ma allo stesso tempo deflazione, causino problemi in ambito economico. L'inflazione tuttavia può essere utile per facilitare l'aggiustamento dei salari. Quindi l'obiettivo di inflazione da perseguire dovrebbe essere quello di raggiungere un tasso d'inflazione positivo solo di qualche punto percentuale per avere comunque dei margini di sicurezza. [33]

---

[32] La trappola della liquidità (Liquidity trap in inglese) è un concetto ipotizzato negli anni trenta dal celebre economista John Maynard Keynes. La trappola è una situazione in cui la politica monetaria non riesce più ad esercitare alcuna influenza sulla domanda, e dunque sull'economia.
[33] Il paragrafo "Il tasso d'inflazione ottimale" è stato sviluppato consultando il capitolo 4 di Politica economica (Russo, 2012, pp. 277-280).

2.3 Il tasso di crescita e produttività in Italia

Abbiamo analizzato in maniera dettagliata due variabili importantissime in tema euro e soprattutto importanti per l'Italia: debito pubblico e inflazione. Abbiamo visto come il debito pubblico passato abbia influito, con il Trattato di Maastricht, sul debito pubblico presente. Abbiamo rivalutato invece il fenomeno inflazionistico, reputandolo come fenomeno non strettamente dipendente dalla moneta unica. Ora è il momento di analizzare altre variabili importanti che meritano di essere descritte in maniera aperta. In questo paragrafo parleremo del tasso di crescita dell'Italia prima e dopo l'euro, passando attraverso la crisi finanziaria del 2007-2008, e poi analizzeremo la produttività multifattoriale in Italia.

La prima variabile che andremo a considerare è il **tasso di crescita reale** dell'Italia. Prima di analizzare in dettaglio quello italiano, vorrei farvi vedere il tasso di crescita reale della Germania a confronto con l'Italia prima e durante la crisi del 2008.[34]

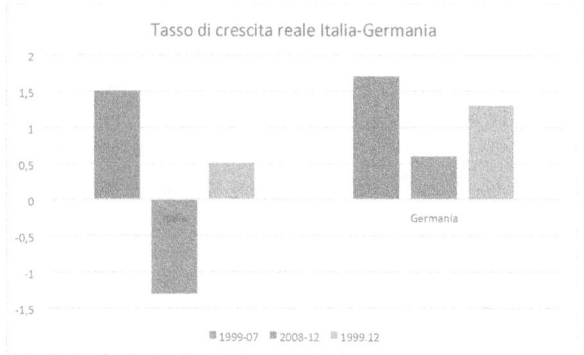

Fonte dati: Il tramonto dell'euro, Bagnai.

Perché ho mostrato questo grafico? Soltanto per mostrarvi e provarvi che la Germania, definita da molti come la locomotiva di tutta l'eurozona, come il motore dell'eurozona, ma che in realtà aveva un tasso di crescita reale molto basso tra tutti i paesi dell'eurozona. Prima della Germania e

---

[34] Grafico 6- Tasso di crescita reale Italia-Germania prima e durante la crisi del 2008, "Tramonto dell'euro" (Bagnai, 2016, p. 74)

dell'Italia, nel periodo 99-12, troviamo (con alti tassi di crescita): Lussemburgo; Francia; Spagna; Olanda; Belgio; Finlandia; Irlanda.

Ora torniamo a focalizzare la nostra analisi sull'Italia. Abbiamo già visto che durante la crisi, così come tantissimi paesi, il tasso di crescita reale del nostro Paese sia stato negativo. Abbiamo ampiamente discusso di come la crisi finanziaria prima, e la crisi dei debiti sovrani in Europa dopo, abbiano aggravato non solo la situazione dell'Italia, ma soprattutto quella di altri paesi come Grecia e Spagna. Cosa è successo invece all'Italia? Com'era la situazione in Italia prima dell'entrata in eurozona?

Partiamo con molta calma. Negli anni 70, anni governati da una visione verso la "crescita", il costo reale del debito era molto basso, addirittura negativo, mentre la **crescita** era molto sostenuta, quindi, di conseguenza, superiore al costo del debito. Che significa? Significa che negli anni 70 il rapporto debito/Pil aveva questo andamento: il debito cresceva sì, ma poco, mentre il Pil cresceva di molto. Che succede invece nel 1981? Ne abbiamo parlato precedentemente: il divorzio tra Banca d'Italia e Tesoro. Abbiamo visto questo evento come abbia portato effetti negativi sull'economia italiana, e infatti, dopo il divorzio, la situazione in termini di tassi di crescita e tasso d'interesse si è rovesciata. Mentre prima il tasso d'interesse cresceva a ritmi molto lenti rispetto al tasso di crescita, dopo il 1981 abbiamo l'inverso: il tasso d'interesse sul debito supera in maniera costante il tasso di crescita. L'Italia inizia a crescere di meno. Possiamo ora scomporre il tasso di crescita dell'economia nelle sue voce principali: **i consumi delle famiglie, la spesa pubblica, gli investimenti delle imprese e le esportazioni nette.** Andiamo ad analizzare alcuni periodi fondamentali per il nostro Paese: dagli anni 70 fino all'uscita dallo Sme, per poi arrivare all'entrata nell'euro. Negli anni 70 abbiamo un tasso di crescita complessivo pari a 3.8, composto da:

I.   2.3 crescita dei consumi privati;

II.   0.8 spesa pubblica;

III.   0.6 investimenti;

IV.   0.2 esportazioni nette.

Cosa succede invece quando l'Italia decide di abbandonare lo Sme? L'Italia svaluta e di conseguenza aumenta il commercio estero. Tuttavia la spesa pubblica diventa negativa in questo periodo, -12,5%, in seguito alle manovre per entrare in eurozona. Grazie comunque all'impennata del commercio estero, piano piano il rapporto debito/Pil cala, anche perché i tassi d'interesse iniziano a diminuire.

Infine arriviamo all'età dell'euro. Ahimè l'inizio non è dei migliori: c'è un aumento delle importazioni e una diminuzione delle esportazioni, cosa che fa diventare la domanda estera negativa. I consumi crollano ai minimi storici, 50,6%. La spesa pubblica, nel periodo 99-07, è del 25,7%, mentre gli investimenti aumentano: durante l'uscita dallo Sme la percentuale di investimenti era pari a 14,4%, dopo invece salgono a 37,7%. La differenza tra esportazioni e importazioni, come abbiamo detto, nel periodo 99-07 va in negativo: -13,5%. Quindi, ricapitolando: i consumi, dal 59,9% degli anni 70 passano al 50,6% al momento dell'entrata nell'eurozona, avendo avuto un picco dell'80% verso la fine degli anni 80; la spesa pubblica invece passa da un 20,7% durante gli anni 70 ad un 25,7% dopo l'euro; gli investimenti delle imprese passano da un 14,4% durante gli anni 70 ad un corposo 37,2% negli anni 2000; infine le esportazioni nette, ossia la differenza tra esportazioni e importazioni, che passano da un 5% nel 1970 ad un -13,5% nel periodo 99-07. Poi però le esportazioni sono aumentate, in maniera costante, anche verso paesi come la Germania. Infatti durante il primo periodo dell'euro e durante la fase di recessione l'Italia è andata in deficit in termini di bilancia commerciale, ma dopo la crisi è tornata in surplus toccando i livelli degli anni 90. [35]

Ora che abbiamo valutato il tasso di crescita reale, cosa dire invece della produttività?

Prima di guardare l'andamento di un'altra variabile importante, ossia la **produttività multifattoriale**, definiamola: la produttività multifattoriale è una misura che consente di tenere in considerazione, contemporaneamente, tutti i fattori di produzione utili per comporre l'output osservato in un dato paese, in questo caso l'Italia. Come detto precedentemente, il Trattato di Maastricht è, forse, un po' rigido, ma non tanto. Se in Italia ci fosse una crescita pari al 2-2,5% l'anno, con tassi d'inflazione bassi (che in effetti ci sono), e con deficit al di sotto del 3%, molto probabilmente la crescita sarebbe costante, e il debito pubblico diminuirebbe lentamente, ma in maniera ragionevole. Ovviamente tali condizioni non ci sono, soprattutto per quanto riguarda la crescita e la produttività.

L'Italia cresce poco, e ha subito una forte diminuzione in termini di produttività. Uno dei principali malessere dell'economia italiana risiede proprio in questo, nella produttività. Basta guardare il grafico qui sotto: questo grafico (*grafico 7*) mette a confronto l'Italia con alcuni paesi come la

---

[35] La stesura del paragrafo "Il tasso di crescita reale in Italia" è stata fatta grazie all'attenta descrizione del fenomeno all'interno del libro di Bagna "Il tramonto dell'euro", (Bagnai, 2016, pp. 148-150)

Germania, Francia, Gran Bretagna, Usa e Spagna. Ovviamente andremo a considerare solo i paesi interni all'eurozona. Come possiamo vedere, prima dell'euro la produttività multifattoriale cresceva più o meno quanto gli altri paesi. Dopo l'euro è stato un disastro: la produttività ha iniziato a calare, lentamente, così come anche quella della Spagna. Perché tutto questo?

Grafico 7[36]

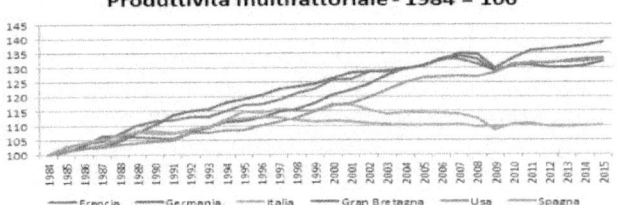

Produttività multifattoriale - 1984 = 100

Fonte dati: Il Sole 24 Ore

Alcuni economisti addossano la colpa alla moneta unica e alla rigidità del **trattato di Maastricht**, altri invece ad una serie di decisioni sbagliate all'interno del nostro Paese. Cosa misura la produttività multifattoriale? Misura la qualità della cultura manageriale, la gestione dei marchi, la gestione delle organizzazioni, la concorrenza. Abbiamo visto che in termini di produttività l'indice nel 2015 era addirittura inferiore a quello del 1994, anziché andare avanti, ahimè, siamo tornati indietro sotto quest'aspetto. Tutti gli altri paesi presi in considerazione in questo grafico hanno avuto un aumento di produttività del 30%, tranne la Spagna e l'Italia ovviamente. Possiamo vedere, sempre dal grafico, come l'inizio del declino coincide proprio con l'avvento dell'euro, 2001 circa. Abbiamo anche visto però, nel paragrafo precedente, come l'andamento della bilancia commerciale italiana mostri un andamento positivo e costante verso la crescita, dopo un inizio turbolento. Per alcuni economisti come **Pellegrino e Zingales**, il declino della produttività è dovuto al fatto che le piccole aziende non siano state in grado di rispondere alla sfida posta dalla concorrenza cinese, e dall'incapacità di tutte le imprese di cogliere le opportunità riservate dallo sviluppo esponenziale

---

[36] Tutti i dati qui presenti sono stati prelevati da: https://riccardosorrentino.blog.ilsole24ore.com/2017/02/21/italiain-un-unico-grafico-tutto-il-malessere-delleconomia/

delle tecnologie. Con l'entrata in eurozona abbiamo avuto tassi d'interesse relativamente molto bassi, aiutando quindi le aziende piccole a sopravvivere.

Conclusioni? Queste sopra citate sono tutte ipotesi. Abbiamo, come visto, due facce della stessa medaglia: una faccia dice che la produttività è calata a causa della rigidità di Maastricht e quindi anche a causa dell'euro, l'altra faccia invece dice che sostanzialmente la nostra produttività è calata non per colpa dell'euro, ma per colpa delle nostre aziende che non hanno risposto in maniera efficace ai cambiamenti delle tecnologie.

2.4 Prima dell'euro l'Italia stava meglio?

Tutti si pongono questa domanda, ma nessuno è in grado di rispondere. Prima dell'euro l'Italia andava meglio? Oppure no? La storia sembrerebbe confermare quanto NON detto, e cioè che l'Italia prima dell'euro non versava in **condizioni ottimali**. Abbiamo visto come alcune variabili, tra cui il debito pubblico e l'inflazione, si trovassero già prima dell'entrata in eurozona in livelli non perfettamente ottimi.

Negli ultimi 70 anni l'unico periodo storico dove l'economia italiana versava in perfette condizioni, ed è cresciuta più dell'Europa, è stato il periodo del "miracolo economico", tra il 1950 e il 1970. I distretti italiani sono stati i veri protagonisti, con l'Italia che non versava in deficit, ma in surplus. Poi purtroppo le cose, come abbiamo visto durante tutto questo capitolo, sono cambiate. Dopo gli anni 70 l'Italia ha iniziato a perdere competitività. Per circa 20 anni abbiamo avuto una forte crescita, è vero, ma questo solo grazie a un enorme spesa pubblica fatta dallo Stato, tant'è che, come abbiamo visto, il debito pubblico è schizzato alle stelle in pochissimo tempo, oltre al fatto di essersi aggravato per altre cause come il divorzio tra Banca d'Italia e Tesoro. Dopo aver rischiato il default negli anni 90, abbiamo messo sotto controllo la spesa pubblica e di conseguenza la crescita... si è bloccata. L'euro ancora non c'era, quindi l'Italia prima dell'euro non versava in condizioni splendide.

Conclusioni del capitolo 2

Abbiamo intrapreso il viaggio verso l'euro nel capitolo 1, andando ad analizzare tutti quei trattati considerati di fondamentale importanza per la formazione dell'eurozona e della moneta unica.

Siamo passati dai trattati di Roma a quello di Maastricht, per poi andare a Lisbona. Nel capitolo secondo invece abbiamo analizzato la situazione dell'Italia prima e dopo Maastricht sottoponendo il nostro Paese ad un'analisi di alcune variabili importantissime come il debito pubblico, l'inflazione e il tasso di crescita e produttività. Abbiamo visto come, sostanzialmente, alcuni fenomeni non dipendano strettamente dall'adozione dell'euro e che in alcuni casi l'eurozona abbia avvantaggiato l'Italia, come per esempio nel caso di tassi d'interesse relativamente bassi, così come i tassi d'inflazione, che invece erano molto alti prima di Maastricht. Abbiamo visto e analizzato due ipotesi inerenti alla caduta di produttività multifattoriale italiana. Infine abbiamo fatto un piccolo commento riguardo la situazione dell'Italia pre-euro, e risposto, non del tutto, alla domanda "l'Italia prima dell'euro stava meglio?".

Oggi però la domanda che tutti si pongono è un'altra ed è la seguente: l'euro ha portato più vantaggi oppure svantaggi alla nostra economia? Di questo discuteremo nel prossimo capitolo.

CAPITOLO 3

VANTAGGI E SVANTAGGI DELLA MONETA UNICA

Che vantaggi ha portato l'euro? Quali, invece, sono stati gli svantaggi nell'adottare la moneta

unica? Questi i due argomenti principali del nostro terzo capitolo. Scopriremo i vantaggi e

svantaggi dell'euro e quindi, di conseguenza, di tutta l'eurozona. Scopriremo uno dei pilastri su cui

si è fondato l'euro, ossia la teoria delle Aree valutarie ottimali. Tutto ciò che è stato costruito,

poteva avere effettivamente dei vantaggi? Oppure i danni apportati sono stati maggiori?

3.1 La teoria delle Aree valutarie ottimali[37]

Prima di passare all'analisi dei vantaggi e degli svantaggi della moneta unica, volevo soffermare l'attenzione sulla teoria delle Aree valutarie ottimali, considerata la teoria principale su cui si fonda tutta l'eurozona e tutto il processo della moneta unica.

Se ricordate bene abbiamo accennato questa teoria alla fine del primo capitolo. L'eurozona si basa su questo grande pilastro, ma cos'è un'area valutaria ottimale?

La crisi dell'euro ha portato moltissimi economisti a sostenere che l'eurozona non sarebbe un'area valutaria ottimale. Molti sostengono che la crisi dell'euro sia dovuta soprattutto all'inefficienza di questo primo pilastro. La teoria delle Aree valutarie ottimali viene fatta risalire all'economista **Mundell**. Cosa diceva Mundell[38]? Egli sosteneva, così come **Milton Friedman**[39], che in caso di grandi shock economici, precisamente shock asimmetrici, ossia shock che colpiscono una specifica regione dell'area in maniera diversa dalle altre, la flessibilità dei prezzi e dei salari avrebbe consentito un riequilibrio molto efficiente verso la situazione precedente allo shock. Quali sono i requisiti che un'area valutaria dovrebbe avere affinché quest'ultima possa essere valutata come ottimale? Ecco i requisiti:

I. **Flessibilità dei prezzi e dei salari,** in modo che un calo della domanda produca in maniera rapida un calo dei prezzi e dei salari (Friedman 1953);

---

[37] L'intero paragrafo "La teoria delle Aree valutarie ottimali" è stato sviluppato attraverso la mia personale visione della tesi di laurea di uno studente di Impresa e management della Luiss. Qui è possibile visionare la tesi di riferimento: https://tesi.luiss.it/13415/1/cusumano-francesco-tesi-2014.pdf

[38] Il pensiero di Mundell e i requisiti delle Aree valutarie ottimali:
https://docs.google.com/file/d/0B0MykrNTpt9LeUhXUTU2Q1F5eEk/edit

[39] Milton Friedman è stato un economista statunitense, esponente principale della scuola di Chicago. Il suo pensiero ed i suoi studi hanno influenzato molte teorie economiche, soprattutto in campo monetario. Fondatore del pensiero monetarista, è stato insignito del Premio Nobel per l'economia nel 1976.

II. **Mobilità dei fattori produttivi,** cioè capitale e lavoro: non devono essere presenti ostacoli alla mobilità dei capitali fisici e finanziari, ad esempio un'azienda deve poter delocalizzare in un'altra regione dell'area e i lavoratori devono essere disposti a trasferirsi; allo stesso modo i capitali finanziari devono essere liberi di circolare all'interno dell'area valutaria (Mundell 1961);

III. **Integrazione finanziaria nel mercato dei capitali,** in modo che il tasso d'interesse tenda ad uniformarsi (Ingram 1962);

IV. **Libera mobilità delle merci prodotte,** ovvero nessun ostacolo alle merci, in modo che i cambiamenti dei prezzi in una regione possano influenzare in maniera rapida quelli di un'altra regione (McKinnon 1963);

V. **Integrazione fiscale,** in caso di shock, un bilancio pubblico e un sistema di tassazione comuni permettono un più facile riassorbimento attraverso i cosiddetti "riequilibratori automatici": ad esempio, se in una regione sale la disoccupazione, meno persone pagheranno le tasse e di conseguenza i sussidi precipiteranno, permettendo così alla domanda di non precipitare (Kenen 1969);

VI. **Tassi d'inflazione simili,** poiché gli squilibri nelle bilance commerciali derivano dal persistere di tassi d'inflazione differenti che rendo i prezzi tra le varie regioni sempre più differenti (Fleming 1971).

Questi appena elencati sono i requisiti fondamentali che un'area valutaria dovrebbe detenere per essere valutata come area ottimale.

Mundell attribuiva grande importanza al criterio della mobilità dei fattori produttivi, e del lavoro. Supponiamo, per esempio, di avere un'area valutaria composta soltanto da due paesi, Germania e Spagna. Ognuno produce un singolo bene. Una modifica delle preferenze degli spagnoli verso il prodotto tedesco farebbe diminuire la domanda del prodotto spagnolo, scoraggiando la produzione domestica e l'occupazione. In Germania invece, al contrario della Spagna, avremmo un aumento della domanda, e di conseguenza un aumento della produzione, dell'output, dell'occupazione e dell'inflazione. Secondo Mundell per ristabilire l'equilibrio ci sarebbero tre rimedi:

I. **Abbassamento dei prezzi e dei salari in Spagna;**

II. **La migrazione di parte della forza lavoro spagnola in Germania;** III. **Il riequilibrio tramite la politica fiscale.**

Più in generale, la teoria delle AVO (in inglese "Optimum Currency Area") si basa su presupposti chiaramente neoclassici: le preferenze del consumatore, la dotazione dei fattori produttivi, l'esistenza di un tasso "naturale" di interesse che equilibra investimenti e risparmi, la teoria quantitativa della moneta. Per questo le politiche che ne discendono sono basate su una modifica delle condizioni dell'offerta: mobilità del fattore lavoro e del capitale, flessibilità salariale, maggiore concorrenza per indurre l'abbassamento dei costi.

Ovviamente questa teoria ha suscitato moltissime critiche tra gli economisti, soprattutto da parte dei keynesiani, sostenendo che l'Europa non sia un'Area valutaria ottimale e che quindi, di conseguenza, il progetto della moneta unica sarebbe fallimentare soprattutto per questo motivo, per l'inefficienza del primo e grande pilastro dell'eurozona. La critica **keynesiana**[40] sostiene che l'adozione di una moneta unica, e quindi la creazione di un'Area valutaria ottimale, farebbe perdere la sovranità monetaria. Questi ultimi sostengono infatti che per combattere la disoccupazione nel caso della trappola della liquidità l'unica soluzione sarebbe quella di spendere, tanto (spesa pubblica), aumentando il deficit. Ovviamente quest'operazione non può essere praticata per tutti gli stati appartenenti ad un'unione monetaria (il parametro del 3% di Maastricht). La critica prosegue affermando che lo stato di riferimento perderebbe la capacità di stampare moneta propria, e quindi l'allocazione delle risorse, di cui abbiamo parlato alla fine del primo capitolo, sarebbe inefficiente.

Un'analisi critica porta a concludere che i "criteri" da essa enunciati sono in larga parte superflui. D'altra parte, i "criteri" non descrivono neppure le aree valutarie realmente esistenti, magari da lungo tempo, come gli Stati Uniti.

Basata su fondamenta neoclassiche sin dalle origini, la teoria delle AVO sembra quindi avere un obiettivo più prescrittivo che descrittivo, mentre le sue conclusioni di politica economica possono facilmente rivelarsi controproducenti e/o socialmente insostenibili.

Come detto, questa teoria è stata largamente criticata da moltissimi economisti, messa al centro della crisi dell'euro. Tuttavia l'euro oggi continua ad avere vita propria, avendo portato, sin dall'inizio, numerosi vantaggi, ma anche svantaggi. Andiamo ad analizzarli.

---

[40] Critica:
http://www.academia.edu/3690026/Una_critica_alla_teoria_delle_Aree_Valutarie_Ottimali_come_spiegazione_della_crisi_delleuro

3.2 I vantaggi della moneta unica

Abbiamo parlato a lungo di tutto ciò che la moneta unica ha portato in termini di condizioni economiche e politiche nel corso degli ultimi 20 anni circa. Dalla sua introduzione ad oggi son cambiate tantissime cose: molti aspetti economici e politici sono variati, così come gli aspetti di natura finanziaria. Tanti economisti e politici, come detto in precedenza, sostengono che la moneta unica non abbia portato tutti quei benefici prefissati, anzi, sostengono il contrario: la moneta unica ha portato soltanto distruzione ed effetti negativi. Visto e considerando che questa tesi è una tesi interpretativa, ossia cerco di interpretare al meglio il fenomeno dell'euro, andando a considerare entrambe le parti, devo, in questo caso, analizzare attentamente i vantaggi e svantaggi.

Ho deciso di partire dall'analisi dei **vantaggi dell'euro**[41], per poi, infine, analizzare gli svantaggi.

Perché la moneta unica è stata creata? A che pro?

Prima dell'euro, come ben sappiamo, ogni Stato membro aveva, possedeva, deteneva, la propria moneta. Secondo la **Commissione europea** l'euro ha portato numerosi benefici a tutta l'eurozona, come:

I.   **L'euro ha eliminato i rischi di fluttuazione e i costi legati al cambio delle valute;**

II.   **L'euro ha rafforzato il mercato unico;**

III. **L'euro ha portato più collaborazioni tra Stati membri per una stabilità economica più efficiente rispetto al passato.**

Questi, secondo la Commissione europea, i vantaggi e i benefici principali della moneta unica. Diciamo che il progetto dell'euro è sempre stato un progetto che si poneva l'obiettivo, e si pone tutt'ora, di "unificare" l'Europa per combattere le potenti economie mondiali come gli Stati Uniti e, da qualche anno, la Cina.

Inizialmente l'obiettivo dell'UE qual era? Era quello di creare un "mercato unico" per favorire gli scambi commerciali tra gli Stati. Ci è riuscita. Tuttavia con il passare degli anni si sono accorti che non bastava solo la cooperazione "commerciale" tra Stati, ma l'intera area aveva bisogno di una **cooperazione più economica e monetaria**, alla base dell'eurozona. Infatti l'obiettivo principale dell'eurozona era quello di creare più prosperità all'interno di tutta l'area, aumentare l'occupazione

---

[41] Parte dei vantaggi della moneta unica sono osservabili direttamente sul sito ufficiale della Commissione europea: https://ec.europa.eu/info/about-european-commission/euro/benefits-euro_it

e la crescita del Pil di ogni singolo Stato membro. Come sappiamo nel 1992 ci fu il Trattato di Maastricht, ampiamente descritto nel capitolo 1. Tutti gli Stati membri decisero che l'intera Europa avrebbe avuto una moneta forte e soprattutto unica per gli anni successivi, partendo dal 1999, e poi, successivamente, dal 2002 con l'introduzione del denaro contante a sostituzione delle valute nazionali. I vantaggi dell'euro sono molteplici, abbiamo:

I.   Maggiori possibilità di scelta e stabilità dei prezzi per consumatori e cittadini;

II.   Una maggiore sicurezza e maggiori opportunità per imprese e mercati;

III. Maggiore stabilità economica e crescita;

IV.   Mercati finanziari più integrati;

V.   Una maggiore presenza dell'UE nell'economia mondiale; VI.   Un segno tangibile dell'identità europea.

Tutti i vantaggi sopra elencati sono anche molto integrati tra di loro: non sono, quindi, indipendenti, o messi lì a caso, anzi! Prendiamo l'esempio della stabilità economica e crescita. Cosa influenza la stabilità economica? Molteplici attori: influenza il Governo prima di tutto, dato che tramite la stabilità economica quest'ultimo può programmare con più precisione le scelte future; di conseguenza il Governo influenza le imprese perché maggiore è la stabilità economica, minore sarà l'incertezza all'interno dell'economia nazionale e maggiori, di conseguenza, saranno gli investimenti; tutto ciò a cosa porta? Porta sicuramente un'influenza sulle famiglie e sui cittadini tutti che ottengono, a loro volta, maggiore occupazione e sicuramente una qualità del lavoro molto più elevata.

Come visto un solo vantaggio/beneficio dell'euro influenza molteplici soggetti, che siano economici oppure semplici cittadini.

La moneta unica ha reso molto più efficiente il mercato UNICO, perché? Pensiamo ad un periodo antecedente l'introduzione dell'euro: prima dell'introduzione della moneta unica i **tassi di cambio**[42] mutavano velocemente e soprattutto in maniera inaspettata quindi, di conseguenza, l'imprenditore italiano, per esempio, non si rendeva conto se acquistare e/o vendere in uno stato europeo fosse conveniente oppure no. Con l'avvento della moneta unica invece questi rischi sono stati

---

[42] Il tasso di cambio può essere definito come numero di unità di moneta estera che possono essere acquistate con un'unità di moneta nazionale.

automaticamente eliminati, portando stabilità monetaria. Inoltre con l'euro l'agente economico non solo è capace di verificare il costo di uno stesso prodotto in paesi diversi con una maggiore trasparenza sui prezzi per il consumatore, ma ciò consente anche di incentivare il risparmio e, di conseguenza, gli investimenti. Tutto ciò inoltre ha permesso di ampliare il mercato finanziario e il volume totale del commercio.

La moneta unica è sicuramente molto più forte rispetto alle singole monete nazionali presenti in precedenza e quindi è più in grado di competere con le altre monete estere come il dollaro e lo yen. La presenza di una moneta unica e forte consente di importare prodotti a prezzi molto più convenienti, e rende tutta l'eurozona molto attraente per i paesi terzi in cui fare affari, promuovendo, come detto in precedenza, gli investimenti e il commercio. Un altro importante vantaggio della moneta unica sono i **risparmi dei costi di transazione.** L'argomento dei costi di transazione porta a dire che le unioni monetarie convengono e sono più adatte per i paesi più piccoli. Così ha fatto ad esempio il Lussemburgo dove, sin dalla II guerra mondiale, ha legato il suo franco a quello del Belgio e del Lichtenstein e ha creato un'unione monetaria con la Svizzera. A quanto ammontano i risparmi grazie alla moneta unica? La Commissione della Comunità ha stimato un risparmio tra lo 0,4 e lo 0,5 per cento del valore aggiunto nel settore non finanziario dell'UE.[43] Un altro importantissimo vantaggio dell'unione monetaria è che quest'ultima rende impossibili le **beggar-thy-neighbour policies**, ossia le politiche, così seguite in passato, di scaricare le proprie difficoltà sui paesi vicini tramite le svalutazioni. Infatti il paese che svaluta fa accrescere la sua domanda globale, mentre la riduce negli altri paesi vicini a quest'ultimo. Questo è senza dubbio un vantaggio da non sottovalutare considerando le passate politiche di questo tipo da parte di alcuni paesi.

La moneta unica, rispetto alle singole monete nazionali, è in grado di assorbire molto meglio "shock" economici di vario tipo provenienti da paesi terzi e quindi, di conseguenza, limita i danni verso il mercato del lavoro e verso la crescita stessa. Come detto prima con l'euro è stata introdotta una politica monetaria unica verso i paesi membri, il tutto stabilito dalla **Banca Centrale Europea (BCE)**, il cui scopo principale sarebbe quello della stabilità dei prezzi, favorendo la crescita dell'economia dell'eurozona, aumentando il benessere economico ed infine anche l'occupazione. Tramite questa politica è stato eliminato il potere decisionale delle singole Banche Centrali Nazionali. Come disse Langfeldt: "*Se una moneta comune europea sarà desiderabile o no, dipende*

---

[43] Si veda Macroeconomia elementare (Jossa, s.d., p. 327)

dalla capacità che essa avrà di assicurare la stabilità dei prezzi". Tutto il meccanismo della moneta unica non potrebbe funzionare in maniera efficiente senza l'aiuto delle norme previste dall'UE e dal rafforzamento di queste ultime tramite il Patto di Stabilità e Crescita, ampiamente trattato nel capitolo 1.

Aver visionato i vantaggi principali della moneta unica ha aumentato, forse, la convinzione in noi che tutto sommato l'euro ha portato, in parte, e sottolineo quest'ultima parola, benefici e vantaggi. Tuttavia come spesso succede ad ogni pro ci sono determinati contro.

3.3 Gli svantaggi dell'euro

Abbiamo analizzato i principali vantaggi e benefici della moneta unica. Come ha fatto una moneta unica a portare tali benefici? E poi, prendendo in considerazione il paragrafo precedente, la moneta unica è stata capace di adempiere a tutto ciò che si era prefissato?

Come concluso precedentemente ad ogni pro, corrisponde un contro. Ed ecco che su una linea parallela a quella dei vantaggi dell'euro, troviamo un'altra linea, sempre parallela, della stessa ampiezza, o forse no: la linea degli svantaggi della moneta unica. Cosa ha portato di svantaggioso l'euro? Ha realmente portato nell'abisso tutta l'Europa? Perché determinati obiettivi, come ad esempio la crescita del Pil nell'eurozona del 2% annuo circa, non sono stati mantenuti? Ecco che quindi andremo ad analizzare i principali svantaggi della moneta unica, sui quali si è fatto leva criticando l'euro e la sua banca centrale.

Il principale svantaggio associato all'adozione della moneta unica è senz'altro **la perdita di sovranità monetaria** [44], e quindi la perdita, per ciascun paese dell'eurozona, del controllo sulla politica monetaria, affidata, come detto, alla BCE. Cosa ha portato? Tutto ciò ha portato, di conseguenza, ad una perdita di autonomia nelle decisioni che riguardano le **politiche di bilancio pubblico**. Perdendo tali strumenti, il paese di riferimento, diventa incapace per affrontare problemi specifici della propria economia rispetto alle altre economie europee. Per esempio nel caso in cui ci fosse perdita di competitività, aumento della disoccupazione o declino industriale, il paese di riferimento

---

[44] Svantaggi moneta unica: https://www.currencysolutions.co.uk/news/daily/the-euro-advantages-anddisadvantages-of-a-single-currency

diventerebbe "disarmato". Questo è uno degli aspetti problematici dell'euro che oggi emergono con più forza, rispetto ad altri problemi, nella crisi generale della moneta unica.

L'Italia per rientrare nei Parametri di Maastricht ha dovuto effettuare sforzi molto, ma molto grandi. Taglio di spese statali, ha cercato di ridurre il debito pubblico, ha introdotto nuove tasse e imposte a discapito dei cittadini. Perché con l'adozione della moneta unica i **prezzi** dei beni sono aumentati? Ricordiamo che il cambio lira-euro fu fissato a 1936,27 per ogni unità della nuova moneta. I cittadini, o comunque la maggior parte di loro, ha associato questo cambio a 2000 lire, dando libero sfogo alle speculazioni. In effetti, se ci si pensa, i prezzi dei beni sono quasi raddoppiati, come abbiamo potuto analizzare all'interno del secondo capitolo durante l'osservazione fatta sull'inflazione italiana.

Come spiega l'economista Giorgio Lunghini: *"Il costo della vita è certamente un problema, ma non è il problema principale. I problemi reali sono tre: la disoccupazione giovanile in primis. Gli altri due si chiamano bassi salari e precarietà"*.

Altro svantaggio della moneta unica riguarda l'**export**[45]. Le esportazioni sono state penalizzate, perché? Gli imprenditori italiani, con l'introduzione dell'euro, non hanno potuto più sfruttare la svalutazione della lira per esportare maggiormente. Ciò ha portato ad una perdita di competitività delle nostre aziende perché le merci prezzate in euro hanno avuto un valore nettamente superiore rispetto alle altre valute come il dollaro, andando a portare svantaggi agli imprenditori. Chi ne ha approfittato? Ovviamente le aziende estere, come quelle americane ad esempio, che sfruttando l'effetto cambio, hanno immesso nel mercato europeo prodotti a prezzi concorrenziali per le aziende nostrane. Conclusione: le nostre aziende, ancora oggi, faticano ad esportare.

I prezzi dei beni e servizi sono quasi raddoppiati, ma ciò è avvenuto anche per i **salari?**[46] Ovviamente la risposta è no. Il costo della vita è aumentato, siamo realisti, andando a ridurre il nostro **potere d'acquisto.** Un altro problema dell'euro è che non ha considerato le differenze "finanziarie" tra i singoli paesi dell'eurozona. Come ben sappiamo ogni paese non presenta la stessa situazione in termini di produzione industriale oppure in termini di debito pubblico. Di conseguenza se un paese fosse stato più ricco di altri, avrebbe avuto sicuramente meno problemi e più vantaggi nell'adozione dell'euro: così è stato. Come abbiamo visto la BCE ha basato le sue politiche sul valore del **tasso d'inflazione medio**, non considerando il fatto che l'inflazione poteva presentarsi a

---

[45] Altri svantaggi della moneta unica consultabili qui: https://www.confesercenti.it/blog/la-corsa-del-super-eurovantaggi-e/svantaggi/

[46] 22 articoli completamente sull'euro e sull'Europa, da Bagnai a Zingales: https://www.ilsole24ore.com/art/commenti-e-idee/2017-06-20/italia-piu-povera-l-uscita-dall-euro205222.shtml?uuid=AE13cAiB

tassi differenti tra paesi: così è stato anche per questo fattore. Tale politica monetaria comune si è rilevata eccessiva per i paesi più competenti e irrilevante per quelli caratterizzati da maggiori spinte inflazionistiche.

Vorrei chiudere questo terzo capitolo con un pensiero di Mario Draghi, presidente della Banca centrale europea, che terminerà il suo incarico ad ottobre di quest'anno:

L'inflazione resta sotto i target, ma si prevede che "aumenti gradualmente nel medio termine sostenuta dalle misure di politica monetaria della Bce. Le stime della Bce indicano un'inflazione annuale all'1,4% nel 2018, all'1,4% nel 2019 e all'1,7% nel 2020"

"La volatilità dei tassi di cambio e delle condizioni finanziarie rappresenta una fonte di incertezza che richiede di essere monitorata per le sue potenziali implicazioni per le prospettive di medio termine per la stabilità dei prezzi nell'area euro".

"Malgrado gli ultimi indicatori economici, che suggeriscono che il ciclo di crescita possa avere raggiunto un picco, lo slancio della crescita è visto continuare", ha aggiunto Draghi. "La volatilità dei tassi di cambio e le condizioni finanziarie rappresentano una fonte di incertezza che richiede un monitoraggio in merito alle loro possibili implicazioni per l'outlook di medio termine della stabilità dei prezzi nell'eurozona".

L'economia dell'eurozona "si è espansa in modo robusto e questa forte performance si è tradotta in notevoli miglioramenti nel mercato del lavoro". Il numero uno dell'Eurotower ha ricordato che il tasso di disoccupazione nell'eurozona è sceso al livello più basso dal 2008, mentre il numero di persone occupate è aumentato di quasi 8 milioni dalla metà del 2013.[47]

Conclusioni del capitolo 3

Abbiamo terminato il nostro terzo capitolo. Abbiamo visto come l'euro abbia portato vantaggi reali e come, ahimè, abbia portato anche molti svantaggi. Purtroppo, come detto in precedenza, ad ogni pro corrisponde un contro. Era scontato, quasi prevedibile, che l'euro avesse portato qualche intoppo. La vera sfida dell'eurozona ora sta proprio in questo: cercare di risolvere l'intera Area, riportando l'Europa a competere con Cina e Usa. Abbiamo visto come determinati vantaggi della moneta unica abbiano portato altri svantaggi. È un insieme di pro e contro, questo è l'euro. Ma cosa conviene fare ora a me "Italia"? Uscire o restare? Cosa succede se usciamo dall'euro? Conviene? Oppure no? Nel prossimo capitolo parleremo proprio di tutto ciò, ponendoci un'unica domanda:

---

[47] https://www.huffingtonpost.it/2018/04/20/euro-e-commercio-sono-fonte-di-incertezza-gli-stimoli-monetari-sonoancora-necessari_a_23416381/

Cosa succede se usciamo dall'euro?

CAPITOLO 4

COSA POTREBBE ACCADERE CON L'USCITA DALL'EURO?

In questo quarto capitolo tratteremo una ipotetica uscita del nostro Paese dall'euro e dall'Unione Europea. Prenderemo in considerazione alcune variabili importanti come l'inflazione, lo spread, i tassi d'interesse e il debito pubblico osservando come, queste ultime, si dovrebbero muovere in un'Italia senza più moneta unica. Tratteremo tutti i costi che potrebbero incidere sul nostro Paese, tratteremo tutte le strade che l'Italia potrebbe adottare per uscire dall'eurozona, tratteremo i risparmi, mutui e investimenti e osserveremo come varierebbero se l'Italia abbandonasse l'Unione. La moneta unica è il nostro capro espiatorio? Per molti economisti e politici si. Se l'Italia un bel giorno decidesse di uscire dall'euro e dall'Unione Europea, cosa succederebbe? Cosa succederebbe ai nostri risparmi, investimenti, mutui? Cosa succederebbe all'inflazione, al debito pubblico, allo spread e automaticamente ai tassi d'interesse? Sono variabili da tenere sotto controllo per un'ipotetica uscita. I sostenitori del no-euro, gli antieuropeisti, rimpiangono la sovranità monetaria e la possibilità, quindi, di stampare moneta in caso di crisi e/o emergenze. Ma tornare indietro quanto può essere efficace? È vero che chi stampa moneta non può andare in default? Sono tutte domande a cui risponderemo nei prossimi paragrafi. La prima questione che vorrei affrontare tratta i nostri risparmi, pensioni, investimenti. Cosa succederebbe a queste variabili? Andiamo ad analizzarle nel dettaglio.

4.1 Risparmi, salari, pensioni e investimenti

I sostenitori di un'uscita dell'Italia dall'eurozona pensano di raggiungere due obiettivi specifici: il primo prende in considerazione la **svalutazione** della nuova moneta, ossia la lira; il secondo obiettivo è quello di riconquistare la **politica fiscale**, ora comunque "mantenuta" dai limiti e vincoli dell'Europa, e soprattutto riprendere la **politica monetaria**, che ci è stata tolta con l'adozione della moneta unica. Questi i due obiettivi da raggiungere secondi gli antieuropeisti. Volendo raggiungere questi due obiettivi, quali costi ci saranno? Nel caso in cui l'Italia decidesse di uscire dall'euro ci ritroveremo ad avere una moneta svalutata, secondo alcune stime, del 20/30% circa e un aumento del Pil tra lo 0,3/1%. Consideriamo la prima variabile: **i nostri risparmi.** Una svalutazione di queste dimensioni causerebbe in primo luogo una perdita di valore per i titoli di Stato, abbattuti anche da un'inflazione del 7,5% circa[48]. Questo ovviamente porterebbe una grande svalutazione ai nostri risparmi, detenendo quindi, nei depositi bancari, una moneta praticamente senza alcun valore. Questo potrebbe essere un grave problema soprattutto per i meno abbienti, ossia coloro che

---

[48] Si veda "Cosa succede se usciamo dall'euro?" (Stagnaro, 2018, p. 73)

dispongono di un patrimonio molto basso, o comunque di coloro che non sono a conoscenza di ciò che potrebbe succedere. Quindi in primo luogo: risparmi svalutati, corsa agli sportelli per salvare i risparmi di una vita e portarli all'estero, fuga di capitali. Questo non è detto che possa succedere solo se l'Italia dovesse uscire dall'eurozona, spesso anche solo accennare un'uscita fa male a tutta l'economia: spread che aumenta, tassi d'interesse altrettanti, risparmiatori che spostano il loro denaro fuori. Per arginare il deflusso di capitali e il collasso del sistema bancario, il governo dovrebbe introdurre controllo sui capitali. Che significa? Significa che dovrebbe chiudere gli istituti di credito per un periodo non breve, come è successo in Grecia. [49] La domanda da porsi è la seguente: chi mai lascerebbe i propri risparmi in un paese che sta per adottare una moneta molto più **debole?** Probabilmente nessuno. Questa svalutazione, come detto prima, causerebbe grossi problemi soprattutto per i "meno informati". Chi sarà in possesso di maggiori informazioni inerente all'uscita dall'euro, si metterà in salvo. Chi invece, come i meno abbienti, quindi i più poveri, sarà in possesso di minori informazioni, **asimmetria informativa,** non riuscirà a mettere in salvo, in tempo, i propri risparmi all'estero vedendoli, di conseguenza, svalutati. L'uscita dall'euro è un problema soprattutto per i più poveri, con più inflazione, più debito, più banche in difficoltà, meno credito per le imprese e le famiglie.

Un importante intervento fu fatto da Weidmann, Presidente della Deutsche Bundesbank, che disse testuali parole: «Non credo proprio che un politico, che tiene in mente gli interessi del suo Paese, possa avere un'idea talmente avventurosa. Un'uscita dall'euro, dal mio punto di vista, provocherebbe gravi danni soprattutto per il Paese uscente, ad esempio per i suoi risparmiatori».[50]

Parlando dei nostri **salari e pensioni,** cosa potrebbe succedere? Il problema è sempre lì: la svalutazione della nuova moneta, zero valore. Il nostro Stato offre direttamente lavoro a circa 3 milioni di dipendenti e paga la pensione a 18 milioni di persone.[51] Il nostro **potere d'acquisto** scenderebbe perché appunto, i nostri stipendi e pensioni, verrebbero convertiti in una nuova moneta, svalutata, non conoscendo, a priori, il potere d'acquisto. Come difendersi da tutto ciò? L'unica soluzione sarebbe quella di correre agli sportelli bancari cercando di salvare e ritirare i propri euro. Le banche però non avrebbero abbastanza liquidità per soddisfare un prelievo così massiccio di denaro. Di conseguenza torniamo al punto precedente: controllo del Governo sul movimento di

---

[49] Il premier Tsipras, a due settimane dal referendum, decise di limitare il prelievo dai bancomat a soli 60 euro al giorno.
[50] https://www.ilsole24ore.com/art/mondo/2018-08-20/il-banchiere-tedesco-italia-fuori-dall-euro-guai-irisparmiatori-italiani-173123.shtml?uuid=AEezM5cF
[51] "Cosa succede se usciamo dall'euro?" (Stagnaro, 2018, p. 77)

capitali -> confusione e caos per chi vorrà prelevare. I dipendenti pubblici e i pensionati, quindi, sarebbero i primi, o quasi, a pagare le conseguenze di un ritorno alla lira svalutata. La lira dovrebbe vivere tra inflazione e iper-inflazione. Chi ci rimette? Chi percepisce un reddito fisso, pensionati e dipendenti pubblici per l'appunto.

E gli **investimenti**? Una svalutazione, per chi sostiene l'Italexit, potrebbe rilanciare le esportazioni, vendendo i nostri prodotti a minor prezzo all'estero. Tutto ciò comunque verrà "ripagato" da un costo per importare molto maggiore, con minore potere d'acquisto. Parlando di investimenti non si può non parlare della nostra produttività. Abbiamo parlato della nostra produttività nel Capitolo 2. L'economia italiana ha subito un rallentamento a partire dai primi anni Novanta, con una crescita molto debole a partire dagli anni 2000 circa. La produttività non è altro che una misura di quanto valga il lavoro in una data economia. Come si potrebbe ampliare la produttività? Attraverso due modalità: puntando sulle esportazioni[52] oppure puntando sugli investimenti in innovazione tecnologica e di conseguenza crescita della produttività. Questi due obiettivi rappresentano un trade-off tra esportazioni e investimenti. Non si potrebbe puntare contemporaneamente ad ampliare i propri confini internazionali e aumentare la propria produttività interna puntando sugli investimenti. Il mercato del credito e degli investimenti è un mercato molto sensibile e soprattutto non facile da controllare. Chi ha un'idea ha bisogno di risorse, ma se non ci sono risorse come si fa ad aumentare la nostra produttività? Aderendo alla moneta unica il nostro Paese ha ottenuto un beneficio molto importante: **tassi d'interesse** relativamente bassi sia per il debitore privato che per quello pubblico (Stato). Questo è stato il vantaggio maggiore. Tutto ciò ha permesso al nostro Paese di investire e dare credito a tassi d'interesse davvero molto bassi (l'occasione non è stata pienamente sfruttata ahimè). Inoltre i tassi d'interesse dipendono dall'incertezza della nostra economia, dipendono dallo **spread**. L'Italia, infatti, soltanto grazie ad una riduzione di volatilità ha potuto diminuire i tassi d'interesse. Se oggi quindi dovessimo tornare alla lira avremmo conseguenze drastiche per gli investimenti e per il mercato del credito. Altissima incertezza per il nostro Paese di tradurrebbe in un elevato spread, elevati tassi d'interesse e automaticamente minore credito per le imprese e le famiglie. Tutto il sistema, sia bancario che pubblico, andrebbe in serie difficoltà. La volatilità di un Paese è davvero molto sensibile, basta una minima dichiarazione e/o decisione per peggiorare le cose. Tutto è strettamente correlato: l'interdipendenza tra Paesi ha portato a questo.

---

[52] Le economie emergenti puntano spesso su questa strategia, vedendo il mercato interno molto limitato.

Abbiamo visto come alcune variabili potrebbero variare con l'adozione della nuova lira [53], quali invece potrebbero essere le conseguenze economiche per il nostro Paese? Andiamo ad analizzarle.

4.2 I costi per la nostra economia

Quali potrebbero essere le conseguenze di un'uscita dell'Italia dall'euro? Abbiamo trattato le conseguenze per investimenti, risparmi, salari e pensioni, ora consideriamo invece l'ambito più macroeconomico. Come ampiamente descritto nei capitoli precedenti la moneta serve a tre cose: facilitare gli scambi, fornire un'unità di misura del valore dei beni e preservare nel tempo il potere d'acquisto. Più persone e paesi utilizzando una moneta, maggiore sarà il suo valore. Nella sua ideazione la moneta unica era un progetto più politico che economico. Prima dell'adozione dell'euro la lira venne svalutata in molteplici occasioni per rilanciare l'economia del Paese e riprendere competitività. Per far fronte alle grosse economie crescenti come India, Cina e Stati Uniti, si scelse una moneta unica, forte, in grado di combattere le grandi potenze mondiali. Potremmo oggi abbandonare la moneta unica senza avere conseguenze **economiche** per il nostro Paese? La risposta è no. Però una domanda che ci potremmo porre è la seguente: cosa sarebbe successo se non avessimo adottato l'euro? In un lavoro di Paolo Manasse, professore di Macroeconomia e Politica economica internazionale presso l'Università di Bologna, è possibile osservare l'andamento del Pil se fossimo rimasti con la nostra vecchia lira.

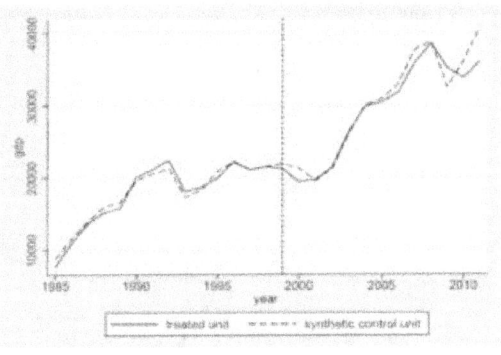

[53] https://www.ilsole24ore.com/art/notizie/2018-05-30/uscire-dall-euro-cosa-succederebbe-stipendi-pensioni-mutuie-bollette-114958.shtml?uuid=AExLxGxE

Fonte: Manasse, Nannicini, Saia (2013)[54]

La linea continua nel grafico rappresenta il nostro Pil a partire dal 1985. La linea tratteggiata invece rappresenta una stima del Pil che avremmo avuto in un'Italia fuori dall'euro. Vediamo quindi come la crescita sostanzialmente sia stata "quasi" uguale.

Prima di considerare le conseguenze economiche di un'Italia fuori dall'eurozona, dobbiamo considerare due scenari di uscita del nostro Paese: uno scenario **hard** e uno scenario **soft.**[55]

La prima forma di uscita, quella soft, è quella che prevede una via negoziale con altri paesi. Che significa? Per optare questa prima uscita l'Italia dovrebbe richiedere una modifica dei trattati e ottenere un consenso con gli altri paesi dell'eurozona. Per l'uscita negoziata andrebbe stabilita una procedura *ad hoc* per abbandonare l'euro e l'Unione Europea. La stessa questione è apparsa con la Brexit. La modifica dei trattati dovrebbe ottenere il consenso dei Parlamenti nazionali, di conseguenza tempi lunghi e molti costi.

Un'altra forma di uscita è quella hard, paradossalmente più semplice, ma molto più caotica. L'uscita hard non prevede alcuna negoziazione con altri paesi e con l'Unione Europea, ed è una strategia che sarebbe adottata direttamente dal governo in questione. Il problema dove sta? Il problema è che in paesi come il nostro, con debito pubblico elevato, competitività molto bassa, crescita bassa e con un bilancio non in ordine, anche piccoli shock potrebbero causare crisi irreversibili e portare addirittura a condizioni di **default.** L'uscita hard si potrebbe tradurre in: andare contro gli impegni presi in sede europea per la riduzione del deficit (3%) e rapporto debito/Pil (60%). Applicare, appunto, una strategia per annientare questi impegni, es. finanziare flat tax e reddito di cittadinanza, per portare l'Italia in conflitto con l'Europa e la Commissione europea. Inutile dire gli effetti negativi di questa strategia. Le conseguenze economiche per il nostro Paese sarebbero differenti a seconda dell'uscita che prenderemo. In entrambi i casi comunque avremo una svalutazione del 20/30% circa della nostra nuova moneta e una crescita del Pil bassa (0,3-1%). Tutto ciò sarà un aumento temporaneo. Nel medio-lungo periodo non avremo alcun tipo di crescita, anzi. Tutti i redditi e le attività finanziarie verrebbero convertite in lira, alla pari: 1 euro = 1 lira. Una svalutazione della lira potrebbe spingere le esportazioni in un primo momento, andando ad avvantaggiare le nostre imprese esportatrici. Ahimè, ovviamente, i beni importati costerebbero di più. Aumentando il costo delle importazioni, aumenterà di conseguenza anche il costo della vita. Il potere d'acquisto, come

---

[54] Si veda "Cosa succede se usciamo dall'euro?" (Stagnaro, 2018, p. 27)

[55] https://www.risparmiamocelo.it/quanto-costa-uscire-dalleuro-secondo-paolo-manasse/

---

descritto anche in precedenza, si ridurrebbe. Di conseguenza il valore dei crediti e dei debiti verrebbe ridotto. Cosa dire invece dell'inflazione e dei tassi d'interesse?

L'inflazione vedrà un aumento di circa il 13,5% il primo anno dell'uscita per poi stabilizzarsi al 6% nel secondo anno. [56] Automaticamente i tassi d'interesse aumenterebbero di pari passo con l'inflazione. Mercato azionario e immobiliare in caduta libera. Un'uscita dall'euro potrebbe portare problemi seri anche per la libera circolazione di capitali, di persona, investimenti diretti ed altro ancora. La cosa più pericolosa sarebbe la difficoltà di accesso ai mercati europei che potrebbe incidere sulla crescita del nostro Pil. Cosa dire invece della rinuncia ai fondi europei? Abbandonare l'eurozona significherebbe rinunciare ai finanziamenti messi a disposizione da Bruxelles per progetti su larga scala nei settori industriali e agricoli. L'Italia ha ricevuto circa 9 miliardi di finanziamenti nel 2014, 12,3 nel 2015, 11,5 nel 2016 e 9,8 miliardi nel 2017. [57] Purtroppo l'Italia non sfrutta al meglio i finanziamenti europei, ma sarebbe peggio non riceverli proprio.

Quanti danni potrebbe portare un'ipotetica uscita dell'Italia dall'euro per la nostra economia? Tanti, tanti davvero. Quali sono le strade che potremmo adottare per uscire dall'eurozona? Ne sono 4 e le analizzeremo nel prossimo paragrafo.

4.3 Le quattro strade percorribili per uscire dall'euro

Uscire dall'euro è una strada percorribile? È possibile uscire dall'euro? Se si, come? Queste sono le domande che tutti dobbiamo porci, soprattutto i sostenitori dei cosiddetti **"Piani B"**, i piani per abbandonare la moneta unica. Prima del 2007 non era possibile recedere dall'Unione europea, ma grazie al Trattato di Lisbona[58], trattato in cui erano presenti modifiche apportate al Tue (Trattato dell'Unione europea), introdotte nel 2007, è stata inserita la possibilità per uno Stato membro di poter recedere dall'Unione. Precisamente l'articolo che permette tutto ciò è **l'articolo 50**[59], dove, oltre a sancire il diritto di abbandonare l'Unione, ne disciplina anche la procedura da effettuare:

"Clausola di recesso

L'articolo 50 del trattato sull'Unione europea prevede un meccanismo di recesso volontario e unilaterale di un paese dall'Unione europea (UE).

---

[56] Si veda "Cosa succede se usciamo dall'euro?" (Stagnaro, 2018), capitolo 1.

[57] https://www.ilsole24ore.com/art/mondo/2018-09-03/il-bluff-sovranismo-economico-ecco-che-cosa-perderemmosenza-l-ue-110302.shtml?uuid=AELRZkiF

[58] Si veda il capitolo 1, pag. 14.

[59] https://eur-lex.europa.eu/summary/glossary/withdrawal_clause.html?locale=it

Il paese dell'UE che decide di recedere, deve notificare tale intenzione al Consiglio europeo, il quale presenta i suoi orientamenti per la conclusione di un accordo volto a definire le modalità del recesso di tale paese.

Tale accordo è concluso a nome dell'Unione europea (UE) dal Consiglio, che delibera a maggioranza qualificata previa approvazione del Parlamento europeo.

I trattati cessano di essere applicabili al paese interessato a decorrere dalla data di entrata in vigore dell'accordo di recesso o due anni dopo la notifica del recesso. Il Consiglio può decidere di prolungare tale termine.

Qualsiasi Stato uscito dall'Unione può chiedere di aderirvi nuovamente, presentando una nuova procedura di adesione."

Come si può leggere nell'articolo 50 tutti i trattati cesseranno di essere applicabili alla data di entrata in vigore dell'accordo di riferimento, oppure due anni dopo la notifica. La domanda da porsi in questo momento è la seguente: quali sono le strade percorribili dallo Stato membro per abbandonare la moneta unica e, di conseguenza, l'Unione europea? Ecco quattro strade:

I.   **Recesso dall'Unione europea ed Eurozona;**
II. **Recesso concordato dalla sola Eurozona;**
III. **Recesso unilaterale dalla sola Eurozona; IV. Espulsione dall'Unione e/o Eurozona.**

Quelle sopra elencate sono le quattro strade percorribili da uno Stato membro per recedere dall'Unione europea.[60] Come visto grazie all'articolo 50 uno Stato membro ha il **diritto** di poter recedere unilateralmente dall'Unione europea. Ciò non significa che lo Stato membro di riferimento, per esempio l'Italia, possa non avere problemi durante la fuoriuscita. Abbiamo visto in passato come una semplice dichiarazione riguardo un probabile abbandono della moneta unica abbia portato costi elevati per la nostra economia[61]. Entrare nell'eurozona è semplice, uscirne molto difficile, se non impossibile. Abbiamo visto ultimamente come la Brexit abbia portato vari danni al Regno Unito tra cui moltissime aziende che hanno lasciato il Regno Unito stesso.[62] Le prime **tre** strade percorribili parlano tutte di recesso, ma che differenza c'è tra le tre? Il **primo recesso**

---

[60] Le quattro strade percorribili da uno Stato membro per recedere dall'Unione sono state prelevate dal Cap. 2 del libro "Cosa succede se usciamo dall'euro?" (Stagnaro, 2018)

[61] In questo video Luigi Di Maio annunciava una probabile uscita dall'euro nel caso in cui il M5S fosse salito al governo: https://www.ilfattoquotidiano.it/2017/03/23/europa-di-maio-con-noi-al-governo-referendum-per-decidere-se-usciredalleuro/3470798/

[62] https://www.ilsole24ore.com/art/finanza-e-mercati/2018-09-17/brexit-fuga-banche-londra-deutsche-anche-anchesvizzere-ubs-165654_PRV.shtml?uuid=AE2RWExF

possibile, quello dall'Unione europea e dall'Eurozona, ci consentirebbe di sfruttare l'articolo 50 del Tue sopra citato, abbandonando così l'euro e tutta l'Unione. Questa strada è quella più probabile sia in termini di recesso "corretto" che in termini di costi. Il recesso dall'Unione europea lo sta testando in questo momento il Regno Unito con la sua Brexit. C'è solo un piccolo problema: fermo restando che questa strada sia formalmente percorribile, resta comunque una procedura che non comporterebbe una fuoriuscita dall'euro vero e proprio, per tempi e modalità molto diverse tra loro. Questa modalità di recesso è quella più "rapida". L'accordo andrebbe raggiunto entro i due anni previsti dall'articolo 50. Cosa succederebbe se l'accordo non venisse raggiunto entro il biennio considerato? Ci sarebbero costi notevoli sia per lo Stato che per i privati. Cosa si potrebbe fare per evitare un "non effettivo raggiungimento dell'accordo"? All'annuncio della volontà di recedere, lo Stato dovrebbe comunicare, in contemporanea, la volontà di mantenere come moneta legale l'euro anche dopo il recesso. Tutto ciò sarebbe molto utile per evitare ritardi durante la negoziazione ed evitare, di conseguenza, costi per l'economia. Il **secondo recesso** parla di recesso concordato dalla sola Eurozona, che cosa significa? Come abbiamo detto nei paragrafi precedenti, entrare all'interno dell'eurozona è facile, uscirne è molto difficile. Tuttavia lo Stato in questione potrebbe abbandonare in maniera definitiva, o temporaneamente, l'UEM andando a modificare, in maniera consensuale, determinati accordi. L'uscita in maniera temporanea permetterebbe allo Stato di abbandonare l'UEM per un determinato periodo di tempo, tornando ovviamente alla propria moneta, per poi rientrare nuovamente all'interno dell'Eurozona in un secondo momento. Questa soluzione potrebbe essere applicata nel caso in cui dovesse esserci una crisi molto forte, o comunque periodi negativi. Diversamente invece è l'ipotesi di abbandono definitivo dell'UEM. Potrebbe essere applicato il diritto di **opt out**.[63] Questo diritto consentirebbe un regime di doppia moneta che permetta allo Stato di utilizzare ancora l'euro come moneta ufficiale, oltre a quella nazionale, senza però poter emettere banconote e monete metalliche. In entrambi i casi comunque la strada sarebbe molto complessa, non solo in termini di costi, ma soprattutto in termini di negoziazioni, che porterebbe tempi molto lunghi. A prescindere da tutto ciò, attraverso quali modalità potrebbe essere raggiunto questo accordo? Grazie all'articolo 48 del Tue[64], gli Stati possono procedere alla revisione e modifica dei trattati attraverso la procedura **ordinaria o semplificata.** La prima procedura, quella

---

[63] https://eur-lex.europa.eu/summary/glossary/opting_out.html?locale=it
[64] Articolo 48, comma 2: Il governo di qualsiasi Stato membro, il Parlamento europeo o la Commissione possono sottoporre al Consiglio progetti intesi a modificare i trattati. Tali progetti possono, tra l'altro, essere intesi ad accrescere o a ridurre le competenze attribuite all'Unione nei trattati. Tali progetti sono trasmessi dal Consiglio al Consiglio europeo e notificati ai parlamenti nazionali. (https://eur-lex.europa.eu/resource.html?uri=cellar:2bf140bfa3f8-4ab2-b506-fd71826e6da6.0017.02/DOC_1&format=PDF)

ordinaria, è impraticabile nel nostro caso per i suoi tempi molto lunghi. La seconda invece consente di procedere con molta più rapidità. In questo caso è sufficiente una delibera del Consiglio europeo ad unanimità, previa consultazione da parte del Parlamento europeo, della Commissione e della Bce.

Il **terzo recesso** sarebbe compiuto in maniera unilaterale dalla sola eurozona. Il recesso unilaterale consentirebbe di abbandonare l'eurozona senza far ricorso all'articolo 50 del Tue. Sarebbe una scelta molto complessa e soprattutto rischiosa, fatta senza accordi. Tuttavia ci sarebbe una possibilità per effettuare ciò: la clausola **rebus sic stantibus**[65]. Lo Stato in questione potrebbe decidere di abbandonare l'eurozona a causa di mutamenti considerevoli all'interno della propria economia[66]. Ciò nonostante non sembrerebbe la strada più corretta da perseguire. Il mutamento fondamentale all'interno di uno Stato dovrebbe essere un mutamento imprevisto, all'improvviso. La Corte internazionale inoltre ha dichiarato che questa norma andrebbe sfruttata solo in casi eccezionali e, di conseguenza, casi molto rari.

La **quarta strada** percorribile per uscire dall'euro è quella dell'espulsione. Come potrebbe avvenire l'espulsione di uno Stato membro dall'Ue e/o Eurozona? Semplice: **inadempimento.** Quando si è entrati all'interno dell'UEM abbiamo, e continuiamo a farlo, rispettato obblighi derivanti da questa appartenenza. Questa ipotesi tuttavia è quasi impossibile, astratta, improbabile. Nel caso in cui ci dovesse essere inadempienza l'unica sanzione per uno Stato sarebbe quella pecuniaria. I trattati non prevedono una possibile espulsione anzi, per violazioni gravissime, prevedono la sospensione di alcuni diritti come ad esempio quello di voto in seno al Consiglio.

Per concludere questo paragrafo si potrebbe affermare che l'uscita dall'euro è pressoché quasi impossibile. Sarebbe meglio per tutti noi cercare di modificare alcuni trattati dell'UE in modo da rafforzare tutta l'Eurozona, cercando di introdurre nuovi strumenti per far fronte, ad esempio, a crisi gravi. Abbandonare l'euro significherebbe un danno per tutta l'economia, ma soprattutto per una categoria di persone: **i più poveri.**

---

[65] http://www.treccani.it/vocabolario/rebus-sic-stantibus/
[66] Stato che versa in una gravissima crisi economica, tale da non far scattare le sanzioni previste dal Patto di stabilità, oppure in presenza di gravi violazioni dei trattati da parte degli altri Stati membri.

4.4 Perché l'Italexit farebbe male soprattutto ai più poveri?

Nel paragrafo precedente abbiamo visto tutte le strade "giuridiche" percorribili dall'Italia per un'ipotetica uscita dall'eurozona e/o dall'UE. Abbiamo visto come il percorso sarebbe difficile in tutti i casi, complicato e molto lungo. Tutto ciò possiamo vederlo con l'esempio Brexit. La domanda che ci siamo posti nel titolo di questo paragrafo dovrebbe far riflettere tutti i sostenitori dei cosiddetti "Piani B", i piani e le strategie per uscire dall'euro senza conseguenze gravi, cosa quasi impossibile. I sostenitori dell'Italexit sostengono che, grazie alla nuova lira, svalutata del 30%

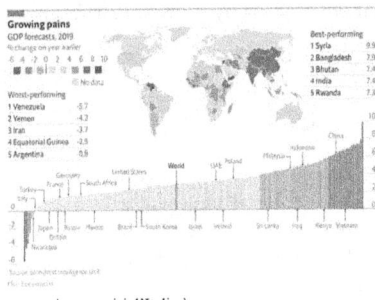

circa, il paese potrebbe riacquistare la politica monetaria, stampando moneta quando necessario. Tutto ciò darebbe una grossa spinta all'economia italiana rendendo le esportazioni meno costose e più competitive. L'obiettivo ultimo sarebbe quello di rendere i poveri meno poveri. Ma è così? Purtroppo no. La maggioranza dei paesi dell'Eurozona ha già recuperato i livelli di ricchezza

pro-capite pre-crisi, l'Italia è ancora molto indietro. Ora voglio farvi vedere delle stime fatte dall'Intelligence Unit del giornale "The economist". Queste stime riguardano la crescita del Pil per il 2019 a livello mondiale. Da osservare attentamente come l'Italia sia il paese con la minor crescita in assoluto, dietro ad altri paesi come la Germania e la Francia. Questo grafico[67] alla nostra sinistra mette in evidenza una cosa: l'euro non può essere la causa dei nostri problemi. Abbandonarlo non può essere invece la soluzione a tutti i mali del nostro Paese. Come visto l'Italexit potrebbe portare numerosi danni alla nostra economia, ai nostri salari, stipendi, pensioni, mutui. Insomma una tragica fine per il nostro Paese. Perché quindi una ipotetica uscita farebbe male soprattutto ai poveri? I poveri sono coloro che hanno meno informazioni di tutti, sono quelli più al rischio in questo caso. L'uscita dall'euro potrebbe essere fatta in due modi: un'uscita trasparente, visibile, oppure un'uscita segreta. Nel caso in cui ci fosse un'uscita trasparente, il gruppo di cittadini più abbienti, quindi coloro che dispongono di mezzi per traferire rapidamente la propria ricchezza, lo farebbero senza alcun problema. Ovviamente per

---

[67] Questo grafico è tratto dal sito The economist: https://www.economist.com/graphic-detail/2019/01/02/the-fastestgrowers-and-biggest-shrinkers-of-2019#ampf=undefined

bloccare questo deflusso di capitali il governo dovrebbe correre ai ripari introducendo dei controlli sui capitali e chiudendo gli istituti di credito per un periodo di tempo sconosciuto. Tutto ciò per non causare il collasso del sistema bancario. Quindi forse la miglior cosa sarebbe l'uscita fatta in segreto, senza referendum e soprattutto senza fuga di notizie. In questo caso ne trarrebbe vantaggio la classe politica, l'unico gruppo di cittadini italiani a conoscenza di un'ipotetica uscita. Il problema principale quindi sarebbe **l'asimmetria informativa.** Chi, informato sull'uscita dall'euro, avrebbe tutto il tempo necessario per mettere al riparo i propri risparmi e portarli fuori dal nostro paese. Questo è il problema principale. Asimmetria informativa, danni soprattutto per i meno abbienti o comunque per coloro che non sarebbero a conoscenza dell'uscita, che sia trasparente oppure segreta.

Il passaggio alla nuova lira sarebbe lento e soprattutto molto costoso. Bisognerebbe stampare miliardi di monete e banconote, e nel frattempo? Nel frattempo il governo potrebbe incentivare le persone all'uso della moneta elettronica e degli assegni. Chi andrebbe danneggiato? Ancora una volta le persone meno abbienti, i pensionati e le piccole imprese. Tutti questi soggetti appena citati fanno sicuramente meno uso della moneta elettronica, utilizzando comunque, per la maggior parte delle loro transazioni giornaliere, il contante. Il periodo di transizione dall'euro alla lira sarebbe quindi costoso per i più poveri, senza ombra di dubbio. Questo è ammesso anche dai no-euro. Quanto ai danni dell'uscita dall'euro ne parla molto bene anche Cottarelli in una sua intervista uscita su "Il Fatto Quotidiano". Ripropongo qui un estratto: *"In teoria i problemi italiani, un debito pubblico elevato e una bassa crescita e competitività, potrebbero essere risolti uscendo dall'euro. Però bisogna essere chiari sul modo in cui e sul perché l'uscita aiuterebbe a risolvere questi problemi, cosa che spesso i suoi sostenitori non fanno".* In pratica, *"questo avverrebbe al prezzo di un taglio dei salari reali, di una tassa da inflazione e solo dopo un periodo che sarebbe molto turbolentoanche per via degli effetti di bilancio che accompagnano una svalutazione e dello sconvolgimento del sistema dei pagamenti".* Un periodo turbolento durante il quale gli effetti della perdita di valore della nuova moneta rispetto all'euro *"potrebbero essere molto forti e mandare in bancarotta parecchie famiglie e imprese."* [68] Con una moneta debole si avrebbe un **potere d'acquisto** minore. Cos'è il potere d'acquisto? Il potere d'acquisto è il valore di una valuta espresso in termini di quantità di beni o servizi che una unità della valuta stessa può acquistare. L'uscita

[68] https://www.ilfattoquotidiano.it/2018/05/28/carlo-cottarelli-uscita-da-euro-risolve-problemi-solo-teoria-praticaandrebbero-bancarotta-molte-famiglie-e-imprese/4388044/

dall'euro provocherebbe una diminuzione di tutto ciò, che tradotto significa: potremmo acquistare molto di meno con una unità della nuova valuta rispetto al passato. Quali conseguenza per chi ha debiti in valuta estera? Tutte le attività e passività sarebbero automaticamente convertite nella valuta nazionale. Le banche invece si ritroverebbero con un peso del debito in valuta estera maggiore, e, di conseguenza, sarà minore il credito erogato alle famiglie e alle imprese. Meno credito, meno investimenti, la domanda aggregata cala.

Abbandonare l'euro significherebbe trasformare il nostro Paese, già in difficoltà, in un paese più povero, con più poveri, più debito, più inflazione, con un sistema bancario in difficoltà, meno credito per tutte le famiglie e le imprese, meno investimenti, meno consumi, meno crescita della produttività, calo del Pil, calo della ricchezza delle famiglie e imprese, domanda aggregata che diminuisce. Danno non da poco.

Conclusioni del capitolo 4

Non servono economisti esperti per dire quanto sto per scrivere: uscire dall'euro non è la soluzione ai nostri problemi, e soprattutto bisogna capire che l'euro non è il nostro problema. L'uscita dall'euro sarebbe non solo lunga per i suoi tempi di negoziazione, ma sarebbe anche molto costosa per tutta la nostra economia. Abbiamo visto come sarebbe costosa soprattutto per le classi più povere e per i meno abbienti. Chi ne trarrebbe vantaggio? Soltanto chi, come politici o comunque alti funzionari, avrebbe accesso a informazioni "privilegiate". I problemi dell'Italia, a mio parere, non riguardano la moneta unica, ma riguardano la corruzione, l'evasione fiscale, la troppa burocrazia, il troppo divario tra Nord e Sud che continua a persistere e perdurare. L'uscita dall'eurozona porterebbe conseguenze catastrofiche per le piccole imprese e per i piccoli commercianti, per i pensionati, per tutti coloro che fanno uso ancora del contante. E che dire dei debiti esteri? I titoli emessi sui mercati internazionali, non convertibili quindi, porterebbero danni per le banche e per tutto il sistema bancario con, come abbiamo appena visto, meno credito per famiglie e imprese. Minori investimenti in un paese come l'Italia, che versa già in condizioni non ottimali, sarebbe un colpo mortale.

Nel prossimo capitolo tratteremo i famosi "Piani B" con le strategie da parte di Bagnai e Savona per uscire dall'euro.

CAPITOLO 5

I "PIANI B" E LE OPINIONI DEGLI ECONOMISTI

Il nostro viaggio all'interno della moneta unica sta quasi per concludersi. Prima di passare alle mie considerazioni non potevo non parlare dei famosi "Piani B", i piani messi su carta e penna da economisti come Bagnai e Savona. In questo penultimo capitolo analizzerò, seppur in breve, le fasi che compongono i loro piani, cercando di andare nel dettaglio su un passaggio ipotetico dall'euro alla lira. Premetto che i piani sotto descritti e analizzati sono molto più lunghi e dettagliati e consiglio, per chi vorrà approfondire l'argomento, di leggere "Il tramonto dell'euro" di Alberto Bagnai e il "Piano B – Guida pratica all'uscita dall'euro" di Paolo Savona (è presente un pdf online). Alla fine di questo capitolo inserirò anche considerazioni da parte di Padoan e Schioppa riguardo l'importanza della moneta unica, essendo loro europeisti.

5.1 I "Piani B"

Ho accennato in precedenza i cosiddetti "Piani B", ossia veri e propri piani strategici per poter abbandonare, senza farci del male, la moneta unica. Questi piani sono stati oggetto di discussione in sede di Governo in passato. Ricorderete sicuramente quando l'economista Paolo Savona annunciò all'Italia e all'Europa intera il piano per poter uscire dalla moneta unica e portare l'Italia fuori dall'UE. Spesso solo l'annuncio di un probabile abbandono può portare dei danni. Basta poco per far schizzare alle stelle lo **spread**, e di conseguenza tutto ciò fa male alle banche, ai risparmi dei cittadini, alle famiglie intere. In questo paragrafo analizzerò, tramite una breve sintesi, due "Piani B" molto famosi, scritti e formulati da due economisti: **Alberto Bagnai** e **Paolo Savona.**

Durante tutta la mia tesi ho citato spesso il libro "Il tramonto dell'euro", libro scritto proprio da Bagnai con una prima edizione nel 2012. Ho letto personalmente questo libro e non nego il fatto che Bagnai metta in luce tante cose: molte a parere mio giuste, altre invece leggermente sbagliate. All'interno del suo libro è possibile visionare anche una strategia per poter abbandonare l'euro divisa in più fasi. Andrò ad analizzare ogni singola fase del suo Piano in modo da visionare la sua strategia. Prima di tutto Bagnai scrive che l'uscita da un'unione monetaria, qualsiasi essa sia, pone tre tipi di problemi:

I.   Come gestire la sequenza degli eventi;

II.   Come attuare il passaggio dalle vecchie alle nuove monete e banconote; III.

Come ridefinire i rapporti di debito e di credito.

Per far fronte a questi problemi Bagnai propone una soluzione, una strategia per uscire dall'euro senza apportare danni.

La prima fase della strategia Bagnai è quella di **"attaccare all'alba"**[69]. Secondo l'economista la prima cosa da fare sarebbe quella di evitare gli annunci di un'uscita dalla moneta unica, per evitare fughe di capitali e ritiro di denaro dagli sportelli. Come mantenere la segretezza? Si tenga in considerazione che l'uscita dall'euro necessita di una pianificazione, di medio-lungo periodo. La cosa giusta, secondo Bagnai, sarebbe quella di iniziare la pianificazione almeno un mese prima dell'effettiva uscita (dubito che questo periodo sia giusto, basti pensare alla Brexit), e cercare comunque una cooperazione con tutti gli altri stati membri. Gli altri governi, ma comunque anche la BCE, devono essere avvertiti per tempo. Bagnai sotto questo aspetto indica la necessità di lanciare l'operazione nei weekend, o comunque a mercati finanziari chiusi, per evitare il caos.

La seconda fase del Piano Bagnai riguarda l'effettivo **passaggio al nuovo conio**[70]. La seconda fase quindi racchiude tutti i passaggi da poter effettuare per passare dall'euro alla lira. L'effettivo passaggio fa sempre molta paura ai cittadini, meno paura invece agli esperti. Bisognerebbe prima di tutto decidere il tasso di conversione. In passato, quando siamo passati dalla lira all'euro, ricorderete sicuramente che il tasso fu di 1936,27. Secondo gli esperti questa volta non sarebbe cosi, ma il tasso di conversione sarebbe alla pari: un euro per una nuova lira. Il problema ora risiede sul come sostituire le monete e le banconote. Bagnai ci dice che sono presenti due soluzioni: preparare prima le nuove banconote, oppure continuare a stampare le vecchie banconote in attesa delle nuove. Tra le due, a quanto pare, quella migliore sarebbe la prima, ossia stampare in maniera anticipata le banconote utili per rendere l'Italia autonoma al passaggio, ma Bagnai consiglia un'altra soluzione, una terza, quella di Bootle[71]: **fare a meno del circolante.** Secondo l'economista Bootle, ma effettivamente è cosi, la maggior parte delle transizioni avvengono tramite moneta elettronica o bancaria. Le transazioni B2B oramai avvengono soltanto tramite moneta elettronica, ma anche quelle tra privati iniziano ad essere senza contanti. La soluzione quindi sarebbe questa qui: limitare l'uso dei contanti, stampare le nuove banconote subito dopo aver preso la decisione di uscire dall'euro, chiudere i bancomat per evitare prelievo di euro durante il weekend e permettere comunque l'uso dell'euro per piccole transazioni. Questa la soluzione per il passaggio dall'euro alla lira. Lo svantaggio più grande, con la soluzione apportata da Bootle, sarebbe per tutti coloro che hanno poca familiarità con i mezzi di pagamento elettronici, come gli anziani, ma soprattutto diventerebbe difficile regolare le transazioni riferite ai piccoli servizi domestici come lavori di

---

[69] "Il tramonto dell'euro" (Bagnai, 2016, pp. 251-257).
[70] "Il tramonto dell'euro" (Bagnai, 2016, pp. 257-265).
[71] Roger Bootle, economista. Vincitore del "Wolfson Economics Prize".

pulizia o baby-sitting. La seconda fase del Piano Bagnai riguarda tutto ciò: nutro, ahimè, tantissimi dubbi su questa soluzione. Il tempo per stampare le nuove banconote non credo sia così breve e soprattutto mantenere la segretezza e cooperare con gli altri membri dell'Unione non è così facile.

La terza e ultima fase riguarda i **debiti e crediti**[72]. Cosa succede al mutuo? Al debito pubblico? Cosa succede dopo il passaggio alla lira? Per quanto riguarda i debiti privati di diritto nazionale, ossia i mutui contratti da imprese o famiglie con una banca nazionale oppure con una filiale italiana di una banca estera, quindi tutti i rapporti di debito e credito definiti in valuta a corso legale all'interno dello Stato italiano, il cambio sarebbe uno a uno. Secondo Bagnai tutti i depositi, così come anche i prestiti, verranno convertiti in nuove lire in maniera simmetrica. La logica è la stessa per quanto riguarda il debito pubblico del nostro Paese. Chi possiede un Btp da 1000 euro, si ritroverà con un Btp da 1000 nuove lire. La conversione sarebbe uno a uno per tutti i tipi di debiti, che siano essi privati o pubblici.

Queste le tre fasi descritte all'interno del libro "Il tramonto dell'euro" di Bagnai. Per un'analisi più approfondita consiglio di leggere quest'ultimo. Il suo Piano è diviso in tre fasi molto importanti, ma altrettanto, a mio parere, ottimistiche. Cosa dire di Savona?

L'economista Savona, attualmente Ministro per gli affari europei della Repubblica Italiana, pianificò e scrisse un suo "Piano B", un piano molto discusso soprattutto prima delle elezioni di marzo 2018 in Italia. Il suo Piano causò non pochi problemi al nostro Paese con l'UE, tant'è che lo spread aumentò in maniera vertiginosa in pochissimo tempo. Il "Piano B" di Savona è molto lungo e articolato, cercherò quindi di essere breve e conciso. Su internet è possibile trovare quest'ultimo nella sua integrità, tramite una presentazione di 80 pagine dal titolo "**Guida pratica all'uscita dall'euro**", pubblicato nel 2015[73].

La prima fase del Piano Savona riguarda, come quello di Bagnai, il tipo di decisione da prendere: **segretezza o divulgazione?** Come Bagnai quindi, anche Savona affronta questo argomento all'inizio del suo Piano. Anche Savona opta per un Piano segreto, ma fino a che punto? Può un Piano simile essere segreto? Savona ovviamente ammette che un Piano segreto può essere efficiente se il numero di persone coinvolte è relativamente basso. L'economista quindi consiglia di costituire un **Comitato** ad hoc per la pianificazione di tutte le procedure da effettuare in maniera preventiva,

---

[72] "Il tramonto dell'euro" (Bagnai, 2016, pp. 265-280).
[73] Si veda il Piano B di Savona: https://pdbuccinasco.files.wordpress.com/2018/05/piano-b-savona.pdf.

per poter realmente tornare alla valuta nazionale. Il grado di riuscita del Piano è in funzione del livello di segretezza e riservatezza che si riesce a mantenere durante la pianificazione di quest'ultimo. Quindi, ricapitolando, la prima fase del Piano Savona riguarda la segretezza del "Piano B". Il tutto quindi dovrebbe essere condotto in segreto. Dovranno essere attuate misure sui controlli dei capitali per evitare danni al nostro Paese e soprattutto i piani di uscita dovrebbero essere attuati in maniera molto rapida.

La seconda fase riguarda la **gestione della ridenominazione.** La raccomandazione di Savona riguardo questa seconda fase è che se l'Italia dovesse uscire dall'euro, dovrebbe presentare la sua nuova valuta a parità con l'euro stesso. L'Italia dovrebbe stampare circa 8 miliardi di monete. Tutto questo, dovendo avvenire a ridosso del D-Day sempre per questioni di segretezza, comporterebbe una disponibilità limitata di queste ultime. Soluzione? Come Bagnai anche Savona propone il piano di Bootle, ossia massimizzare l'uso della Moneta Virtuale. In questa fase di introduzione della nuova lira Savona raccomanda dei passi da seguire:

I.   Ordinare la stampa di nuove banconote e il conio di nuove monete, non appena fatto l'annuncio di ritirarsi dall'euro;

II. Accettare che ci sarà un periodo senza nuove banconote e monete, e poi un periodo duale;

III. In questa fase intermedia fare uso di moneta virtuale;

IV. Consentire la circolazione degli euro nella fase di transizione.

Una cosa importante secondo Savona è quella di prevenire le fughe di capitali e il collasso bancario, cercando di chiudere le banche dopo l'annuncio dell'uscita dall'euro e aumentando i controlli sulle transazioni e su tutte le istituzioni finanziarie.

La terza fase invece tratta dell'argomento svalutazione: **gestione della svalutazione.** Si sa che dopo l'uscita dall'euro, una svalutazione della lira sull'euro è inevitabile, per ripristinare soprattutto la competitività persa. La domanda che pone Savona è: quanto bisogna svalutare? Secondo Savona si potrebbe ipotizzare una svalutazione del 15-25% su euro. Come fare tutto ciò? Mettere in atto azioni che facciano aumentare la nostra credibilità nei confronti degli altri paesi: politiche fiscali e monetarie credibili; stabilire obiettivi di inflazione; assegnare ad un organismo indipendente la verifica del rispetto di questi obiettivi.

Un'altra azione molto importante da svolgere sarebbe quella di moderare **l'impatto inflattivo.** Si suppone che una svalutazione del 15-25% comporti un impatto inflattivo del 3-6%. Quindi imporre degli obiettivi target di inflazione cercando di rispettare questi ultimi. Bisognerebbe mantenere un quadro di bilancio sotto controllo e incrementare l'emissione di obbligazioni indicizzate.

Altre azioni da svolgere secondo Savona sarebbero quelle che possano minimizzare gli **impatti sui conti pubblici**. Le raccomandazioni di Savona in merito a questo argomento sono:

I.   Nel D-Day[74] l'Italia dovrebbe annunciare la ridenominazione del debito pubblico in lire;

II.   I bilanci delle banche dovrebbero essere ridenominati interamente in lire;

III. L'Italia dovrebbe verificare se attuare o meno unitamente all'uscita dall'euro anche un default. Tutto ciò dipende dalla stabilità del debito.

Una cosa molto importante da svolgere secondo Savona sarebbe quella di mettere al sicuro il sistema bancario, forse il sistema più soggetto a rischio dopo l'uscita dall'euro. Cosa dovrebbe svolgere il Paese? Dopo l'uscita le banche avrebbero bisogno di liquidità urgente. La fornitura di liquidità da parte della Banca d'Italia sarebbe la funzione principale. Nel caso in cui fosse necessario, Savona propone di nazionalizzare, in maniera temporanea, le banche in difficoltà. Per ultimo, ma non per importanza, bisognerebbe ridenominare in nuove lire i crediti Target2[75].

L'ultima parte del pdf riguardo il "Piano B" di Savona presente online riguarda le sue conclusioni. Tratta quindi di un breve riassunto di quello di cui si è parlato in precedenza.

Tutto ciò di cui vi ho parlato in questo paragrafo veniva illustrato da Savona nel 2015 circa. Il Piano tuttavia è stato smentito da quest'ultimo non appena è stato nominato Ministro, anzi: Savona nell'ultimo periodo ha anche annunciato e ammesso che l'euro "è indispensabile" e che non ha mai chiesto di uscire dall'UE[76].

---

[74] Il giorno fissato per un'importante operazione militare o politica; data o scadenza o ricorrenza particolarmente importante o attuale.

[75] Il Target 2 è un sistema di pagamenti interbancario per l'elaborazione in tempo reale dei bonifici transfrontalieri in tutta l'Unione europea. Il Target 2ha sostituito il sistema Target (Trans-European Automated Real-Time Gross Settlement Express Transfer System) nel novembre 2007. Target2 è un sistema di pagamento di proprietà dell'Eurosistema, che ne cura anche la gestione. È la principale piattaforma europea per il regolamento di pagamenti di importo rilevante; viene utilizzato sia dalle banche centrali sia dalle banche commerciali per trattare pagamenti in euro in tempo reale.

[76] https://www.youtube.com/watch?v=kUIP7AL6jQc.

5.2 Il parere degli europeisti

Abbiamo visto nel paragrafo precedente il pensiero di Bagnai e di Savona, quest'ultimo ha modificato la sua opinione. Però le considerazioni riguardo la moneta unica non finiscono qui, anzi, bisognerebbe essere equi e proporre anche pensieri da parte di affermati europeisti. Parlo di **Tommaso Padoa-Schioppa** e **Pier Carlo Padoan.**

Schioppa è stato un economista e politico italiano. Ha fatto parte di numerose istituzioni finanziarie come la Banca d'Italia, Commissione Europea, BCE e altri incarichi al FMI. Convinto europeista, ha fatto parte anche del comitato Delors, il piano che ha disegnato la strada per la creazione della moneta unica.

Padoan invece è un economista, politico e accademico italiano, Ministro dell'Economia e delle Finanze dal 22 febbraio 2014 al 1° giugno 2018, prima nel Governo Renzi e poi riconfermato in carica nel Governo Gentiloni.

Schioppa è stato un grande economista, affermato europeista. Nel suo libro "La lunga via per l'euro" tratta in maniera molto semplice e dettagliata cosa ha portato alla creazione dell'euro, quali valori e quali strategie hanno fatto parte della moneta unica e del rapporto Delors. *"Nell'Europa continentale, un programma completo di riforme strutturali ... dev'essere guidato da un unico principio: attenuare quel diaframma di protezioni che nel corso del ventesimo secolo hanno progressivamente allontanato l'individuo dal contatto diretto con la durezza del vivere, con i rovesci della fortuna, con la sanzione o il premio ai suoi difetti o qualità"*[77]. Questo diceva Schioppa riguardo l'Europa: un programma completo di riforme strutturali. Le riforme strutturali, spesso citate da altri economisti, rappresenterebbero la soluzione al nostro problema. Secondo Schioppa le due guerre mondiali dovevano portare alla creazione di istituzioni capaci di individuare e risolvere i problemi comuni. Il mercato unico doveva essere accompagnato comunque da un'unione monetaria, entrambi sorretti da solide fondamenta. Sempre Schioppa, nel suo libro sopra citato, scrive questo: *"L' introduzione di una moneta unica e la creazione di un'unica banca centrale costituiscono il primo caso e il primo campo nel quale il processo di unificazione europea, avviato ormai da mezzo secolo, raggiunge il suo punto finale. Nel campo della moneta l'Europa ha fatto proprio senza riserve il tipo di costituzione (una moneta unica e un'unica banca centrale) che storicamente era stato adottato da e per gli Stati sovrani. Questa scelta rappresenta allo stesso tempo un traguardo e un nuovo punto di partenza. Coloro che pensavano che l'unione politica*

---

[77] https://it.wikiquote.org/wiki/Tommaso_Padoa-Schioppa

dovesse precedere l'unione monetaria e coloro che, invece, sostenevano che l'unione monetaria
non potesse aspettare sono concordi nel riconoscere che la moneta unica è tappa di un processo
storico, il cui orizzonte non si limita certamente alle questioni economiche e monetarie. Spero che
questo libro possa aiutare il lettore a comprendere il percorso che ha condotto a questo
traguardo".

Schioppa considerava la creazione dell'euro come uno strumento per combattere, prima di tutto, le
grandi economie globali, poi uno strumento utile ad affrontare le crisi e gli eventi catastrofici
avvenuto in passato come le due guerre mondiali. L'euro rappresenta il traguardo e allo stesso
tempo il punto di partenza per un'unione politica e monetaria sempre più forte.

Altro europeista affermato, come detto in precedenza, è Padoan. Padoan ha pensieri molto più
concreti e limpidi. Secondo Padoan un'uscita dall'euro costerebbe più della Brexit. La Brexit
costerebbe circa 100 miliardi di sterline, la nostra uscita... di più. Secondo Padoan, come descritto
anche nel capitolo 4, a rimetterci saranno i risparmiatori. Un ruolo fondamentale nell'uscita
dell'Italia dall'euro sarebbe quello del debito pubblico. Secondo l'economista il debito che l'Italia
ha nei confronti di chi presta soldi è in euro, anche quello nei confronti dei cittadini italiani. Uscire
dall'euro significherebbe moltiplicare il valore del debito che il Paese continuerebbe ad avere nei
confronti dei creditori. Sempre secondo Padoan in Europa il ruolo della Germania è dominante
essendo l'economia più forte e senza problemi di bilancio pubblico. Padoan sostiene la "modifica"
dell'Europa in maniera efficace, non abbandonarla.

Nonostante tutto ciò Padoan sarebbe d'accordo con Savona su alcuni punti:

     I.   Necessità di una politica economica basata sia sull'offerta, sia sulla domanda;

    II.   Gli investimenti pubblici e privati svolgono un ruolo centrale in questa politica
            biforme;

    III.   La governance europea, in particolare della zona euro, deve essere modificata
            per sostenere queste linee programmatiche.[78]

L'economista Padoan afferma che i problemi dell'Italia non riguardano la moneta unica, ma altre
questioni. In un articolo trascritto dal Sole 24 Ore, Padoan parla di un'Italia in crescita, ma non

---

[78] https://www.ilsole24ore.com/art/commenti-e-idee/2018-09-21/caro-padoan-soluzione-sta-una-solida-crescitareale-
163748.shtml?uuid=AE7m4F3F

abbastanza[79]. Come Schioppa anche Padoan punta alle riforme strutturali, ammettendo però che per vedere i risultati di queste ultime abbiamo bisogno di anni, e non mesi. Come non essere d'accordo.

Conclusioni del capitolo 5

In questo capitolo, breve ma intenso, abbiamo visto e analizzato, seppur in breve, i famosi "Piani B" di Paolo Savona e Alberto Bagnai, molto simili tra loro. Paolo Savona ha successivamente negato l'esistenza di un Piano B dichiarando anche che l'euro è indispensabile per la sopravvivenza del nostro Paese. Abbiamo considerato anche il pensiero di affermati europeisti come Schioppa e

Padoan, quest'ultimo in accordo con alcune considerazioni espresse da Savona nel "post-Piano B".

---

[79] L'uscita dell'Italia dall'euro è senza senso: https://www.ilsole24ore.com/art/notizie/2017-04-21/padoan-uscitaitalia-eur senza-senso-ne-soffrirebbero-piu-poveri-163323.shtml?uuid=AEroOQ9

Conclusione

Questo lavoro ha cercato di rispondere ad una sola, ma difficile, domanda: è davvero l'euro il solo e unico problema del nostro Paese? A tal fine sono stati consultati e letti libri e articoli, la maggior parte dalla fonte de "Il Sole 24 Ore", per poter rispondere in maniera efficiente a quest'ultimo quesito. All'interno della tesi, mettendo da parte il primo capitolo introduttivo e prettamente "storico" sulla moneta unica, abbiamo la presenza di ben 4 capitoli che vertono sulla strana relazione tra l'euro e l'Italia.

Le risposte condotte all'interno della tesi attraverso i capitoli 2,3,4 e 5, hanno dimostrato l'ipotesi prevista, ossia: l'euro non è il capro espiatorio del nostro Paese. I problemi dell'Italia non sono esclusivamente collegati alla moneta unica, ma hanno origini ben diverse. Abbiamo analizzato i vantaggi e svantaggi della moneta unica in un'ottica europea, osservando come, l'euro, sia un progetto incompleto, ma fondamentale per la nostra sopravvivenza a breve/medio termine. È assolutamente vietato solo pensare di poter abbandonare la moneta unica, in questo istante. Tramite il secondo capitolo abbiamo analizzato la situazione della nostra economia prima e dopo Maastricht. Siamo riusciti a comprendere come la situazione italiana fosse uguale, se non peggiore, alla situazione attuale. Quindi a cosa dobbiamo collegare i problemi odierni? La risposta a questa domanda è consultabile all'interno dell'appendice. Tutti i nostri problemi odierni riguardano la corruzione, il divario tra Nord e Sud, la produttività scadente delle nostre imprese.

Il presente studio integra al meglio i libri sulla moneta unica con le svariate competenze economiche acquisite grazie alla Macroeconomia e alla Politica Economica.

Una raccomandazione per future ricerche in questo campo potrebbe essere quella di realizzare uno studio in termini statistici riguardo la moneta unica per osservare, da un punto di vista più matematico, gli effetti dell'euro sul nostro Paese.

Bibliografia

Academia, 2014. *Academia.* [Online] Available
at:
http://www.academia.edu/3690026/Una_critica_alla_teoria_delle_Aree_Valutarie_Ottimali_come_spiegaz
ione_della_crisi_delleuro

Bagnai, A., 2016. *Il Tramonto dell'euro.* s.l.:Imprimatur.

Banca Centrale Europea, s.d. *European Central Bank.* [Online]
Available at: https://www.ecb.europa.eu/ecb/tasks/monpol/html/index.it.html

Bufacchi, I., 2018. *Il Sole 24 Ore.* [Online]
Available at: https://www.ilsole24ore.com/art/mondo/2018-08-20/il-banchiere-tedesco-italia-fuori-dalleuro-
guai-i-risparmiatori-italiani-173123.shtml?uuid=AEezM5cF

Chiellino, G., s.d. *Il Sole 24 Ore.* [Online]
Available at: https://www.ilsole24ore.com/art/SoleOnLine4/Finanza%20e%20Mercati/2010/04/crisicredito-
intro.shtml?uuid=ABgRD8L

Commissione Europea , 2015. [Online]
Available at: https://ec.europa.eu/commission/priorities/deeper-and-fairer-economic-and-monetaryunion_it

Commissione europea , s.d. *Commissione europea.* [Online]
Available at: https://ec.europa.eu/info/about-european-commission/euro/benefits-euro_it

Confesercenti , 2018. *Confesercenti Nazionale.* [Online]
Available at: https://www.confesercenti.it/blog/la-corsa-del-super-euro-vantaggi-e-svantaggi/

Cottarelli, C., 2018. *I sette peccati capitali dell'economia italiana.* s.l.:s.n.

Cusumano, F., 2014. *Luiss.* [Online]
Available at: https://tesi.luiss.it/13415/1/cusumano-francesco-tesi-2014.pdf

europea, B. c., s.d. *eur-lex.europa.eu.* [Online]
Available at: https://eur-lex.europa.eu/homepage.html

F.Q., 2018. *Il Fatto Quotidiano.* [Online]
Available at: https://www.ilfattoquotidiano.it/2018/05/28/carlo-cottarelli-uscita-da-euro-risolve-
problemisolo-teoria-pratica-andrebbero-bancarotta-molte-famiglie-e-imprese/4388044/

Gagliardi, D., 2019. *Moduli Google.* [Online]
Available at: https://goo.gl/forms/PeZddPp1AfodleCE3

Geoghegan, S., 2014. *Currency Solutions.* [Online]
Available at: https://www.currencysolutions.co.uk/news/daily/the-euro-advantages-and-disadvantages-ofa-
single-currency

Guido Iodice, D. P., 2013. *Keynesblog.* [Online]
Available at: https://docs.google.com/file/d/0B0MykrNTpt9LeUhXUTU2Q1F5eEk/edit

Huffington Post, 2018. *Huffington Post.* [Online]
Available at: https://www.huffingtonpost.it/2018/04/20/euro-e-commercio-sono-fonte-di-incertezza-
glistimoli-monetari-sono-ancora-necessari_a_23416381/

Il Sole 24 Ore, 2017. *Il Sole 24 Ore*. [Online]
Available at: https://www.ilsole24ore.com/art/commenti-e-idee/2017-06-20/italia-piu-povera-l-uscita-dalleuro-205222.shtml?uuid=AE13cAiB

Il Sole 24 Ore, 2017. *Il Sole 24 Ore*. [Online]
Available at: https://www.ilsole24ore.com/art/notizie/2017-04-21/padoan-uscita-italia-euro-e-senzasenso-ne-soffrirebbero-piu-poveri-163323.shtml?uuid=AEroOQ9

Istat, 2019. [Online]
Available at: http://www4.istat.it/it/congiuntura?

Jossa, B., s.d. *Macroeconomia elementare*. II edizione a cura di s.l.:s.n.

Magnani, A., 2018. *Il Sole 24 Ore*. [Online]
Available at: https://www.ilsole24ore.com/art/mondo/2018-09-03/il-bluff-sovranismo-economico-eccoche-cosa-perderemmo-senza-l-ue-110302.shtml?uuid=AELRZkiF

Maio, L. D., 2017. *Europa, Di Maio: "Con noi al governo referendum per decidere se uscire dall'Euro"* [Intervista] 2017.

Marro, E., 2018. *Il Sole 24 Ore*. [Online]
Available at: https://www.ilsole24ore.com/art/finanza-e-mercati/2018-10-18/debito-pubblico-comequando-e-perche-e-esploso-italia-172509.shtml?uuid=AEMRbSRG

Marro, E., 2018. *Il Sole 24 Ore*. [Online]
Available at: https://www.ilsole24ore.com/art/notizie/2018-05-30/uscire-dall-euro-cosa-succederebbestipendi-pensioni-mutui-e-bollette-114958.shtml?uuid=AExLxGxE

Mauro, G., 2013. *L'evoluzione del sistema monetario internazionale e l'Unione Europea*. s.l.:Carabba.

Padoa-Schioppa, T., 2004. *L'euro e la sua banca centrale*. s.l.:Il Mulino.

Quirico, R. D., 2007. *L'euro, ma non l'europa*. s.l.:s.n.

Rudiger, D. -. P. P. -. G. C. -. R. S. -. S. F. -., 2014. *Macroeconomia*. s.l.:McGraw-Hill.

Russo, A. P. -. F. F., 2012. *Politica economica - Teoria e pratica*. s.l.:Il Mulino.

Saccò, P., 2018. *Avvenire.it*. [Online]
Available at: https://www.avvenire.it/economia/pagine/come-si-e-formato-il-debito-pubblico-italiano

Savona, P., 2015. [Online]
Available at: https://pdbuccinasco.files.wordpress.com/2018/05/piano-b-savona.pdf

Savona, P., 2018. *Il Sole 24 Ore*. [Online]
Available at: https://www.ilsole24ore.com/art/commenti-e-idee/2018-09-21/caro-padoan-soluzione-stauna-solida-crescita-reale-163748.shtml?uuid=AE7m4F3F

Savona, P., 2018. *Il Sole 24 Ore*. [Online]
Available at: https://www.ilsole24ore.com/art/commenti-e-idee/2018-11-06/le-vie-percorribili-rinnovare-lunione-europea-161323.shtml?uuid=AEUtH7aG

Savona, P., 2018. *Savona: "L'euro è indispensabile"* [Intervista] 2018.
Sole 24 Ore, 2017. *Sole 24 Ore*. [Online]

Available at: http://www.infodata.ilsole24ore.com/2017/12/31/andato-2017-pil-debito-deficit-confrontointernazionale/

Sorrentino, R., 2017. *Il Sole 24 Ore*. [Online]
Available at: : https://riccardosorrentino.blog.ilsole24ore.com/2017/02/21/italia-in-un-unico-grafico-tuttoil-malessere-delleconomia/

Sorrentino, R., 2018. *Il Sole 24 Ore*. [Online]
Available at: https://www.ilsole24ore.com/art/mondo/2017-02-27/cinque-luoghi-comuni-no-euro-sfatare112318.shtml?uuid=AEwoNIe

Stagnaro, C., 2018. *Cosa succede se usciamo dall'euro?*. s.l.:IBLLibri.

Terlizzi, L., 2018. *Il Sole 24 Ore*. [Online]
Available at: https://www.ilsole24ore.com/art/finanza-e-mercati/2018-09-17/brexit-fuga-banche-londradeutsche-anche-anche-svizzera-ubs-165654_PRV.shtml?uuid=AE2RWExF

The Economist, 2019. *The Economist*. [Online]
Available at: https://www.economist.com/graphic-detail/2019/01/02/the-fastest-growers-and-biggestshrinkers-of-2019#ampf=undefined

Trovati, G., 2018. *Il Sole 24 Ore*. [Online]
Available at: https://www.ilsole24ore.com/art/notizie/2018-11-07/crescita-interessi-deficit-numeri-cheisolano-l-italia-094049.shtml?uuid=AEnnI2bG

Unione europea, s.d. *eur-lex.europa.eu*. [Online]
Available at: https://eur-lex.europa.eu/summary/glossary/withdrawal_clause.html?locale=it

Unione europea, s.d. *eur-lex.europa.eu*. [Online]
Available at: https://eur-lex.europa.eu/resource.html?uri=cellar:2bf140bf-a3f8-4ab2-b506fd71826e6da6.0017.02/DOC_1&format=PDF

Villa, E., 2018. *Risparmiamocelo*. [Online]
Available at: https://www.risparmiamocelo.it/quanto-costa-uscire-dalleuro-secondo-paolo-manasse/

Wikiquote, s.d. [Online]
Available at: https://it.wikiquote.org/wiki/Tommaso_Padoa-Schioppa

Appendice

La mia intervista sulla moneta unica

Durante i primi due mesi del 2019 ho postato ed effettuato una breve intervista personale sulla moneta unica e sui parametri di Maastricht a 70 persone circa[80]. L'intervista prevedeva alcune domande più articolate, ed altre invece più semplici e veloci. Ecco qui le domande:

1. **Cosa ne pensi dell'euro? (in termini generali: come moneta, come progetto)**
2. **Quanto incide la moneta unica sulle condizioni del nostro Paese?**
3. **L'euro è una moneta forte in grado di resistere alle crisi e/o eventi (negativi) di natura economico-finanziaria?**
4. **Quanto incidono i parametri di Maastricht sulla nostra economia?**
5. **L'uscita dall'euro potrebbe essere una soluzione ai nostri problemi?**
6. **Conosci il "Piano B" di Savona?**
7. **Se la risposta alla domanda precedente è si, cosa ne pensi di quest'ultimo? (Piano B)**
8. **Consideri l'UE un'organizzazione economica e politica equa?**
9. **Se la risposta alla domanda precedente è no, motivala.**
10. **Quale potrebbe essere la soluzione ai nostri problemi interni?**

Alcune domande erano a risposta aperta (la n. 1,7,9,10), altre invece a scelta multipla (SI/NO, n. 3,5,6,8), altre ancora a scala lineare (da 1 a 4, per niente – molto, n. 2,4).

Cosa ne pensi dell'euro?

La prima domanda della mia intervista è stata la seguente: **cosa ne pensi dell'euro?**

L'intervistato doveva rispondere in termini generali: come progetto, come idea, come moneta. Le risposte arrivate sono state circa 70, con molteplici visioni della moneta unica.

---

[80] A questo link potete trovare le domande svolte: https://goo.gl/forms/PeZddPp1AfodleCE3

Come idea di fondo è giusta

È l'origine di tutti i mali dal punto di vista economico ma indispensabile per non peggiorare la situazione nell'Unione europea.

Ha permesso una maggiore integrazione, eliminato molti costi di transazione e facilità la mobilità per turisti, lavoratori e studenti

L'euro si è dimostrato uno strumento davvero utile per la vita quotidiana in un contesto sempre più aperto. È un primo passo verso una vera e propria integrazione europea

L'idea della moneta unica è buona! Il problema è stato il cambio lira-euro

Giusto compromesso solo se aderiscono tutti i paesi dell'ue

Un accordo si cambi fissi a favore di alcuni. Genera asimmetrie.

L'euro é una moneta forte.

Queste alcune delle risposte riportate all'interno del'intervista. L'idea prevalsa è che l'euro sia una moneta forte e un'idea molto giusta, ma da migliorare. Molti intervistati hanno ammesso che l'assenza dell'euro potrebbe portare indebolimento e fallimento all'interno dell'eurozona. Questo è assolutamente vero: l'euro, per quanto sia un progetto ancora incompleto, è essenziale per tutti noi. Il progetto dell'euro, come è stato visto all'inizio del capitolo 1, è stato un progetto con una storia molto lunga e che ha portato alla formazione di un'Unione economica e monetaria soltanto dopo anni e anni di accordi e trattati. La svolta, ovviamente, la si è avuta con Maastricht e con il Rapporto Delors, la fase che ha portato alla formazione e alla fuoriuscita del progetto a livello europeo. All'interno di tutte le risposte a questa domanda, apparentemente semplice, ma che semplice non è, abbiamo la presenza di chi accusa la moneta unica come la causa dei nostri mali, come la causa di tutte queste asimmetrie tra i paesi dell'eurozona. Allora, a questo punto, mi verrebbe da domandare: perché gli altri paesi dell'area euro crescono ad un ritmo molto più veloce rispetto a noi Italia? Parlo di paesi come la Spagna, Portogallo, lasciando da parte i grossi paesi come Germania e Francia. Perché tutti loro crescono nonostante abbiano la nostra stessa moneta? La colpa sarebbe da imputare alle differenti economie? Secondo me no: la colpa è il modo di gestire la nostra economia, il che è diverso.

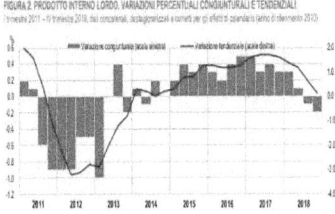

IN CONTROTENDENZA
Le previsioni sui saldi e crescita nei programmi di bilancio dei 19 Paesi dell'Eurozona - In Italia aumentano sia deficit sia crescita

Surplus/Deficit			Crescita	
	2018	2019	2018	2019

L'Italia è l'unica fonte dell'Eurozona a prevedere un significativo aumento del deficit nel prossimo anno. Un altro aumento è previsto in Francia, ma è più limitato (0,2% del Pil diverse di 0,6%) e deriva a effetti contabili recuperati l'anno successivo (causando il deficit di Parigi successivo all'1,4%)

Anche varie previsioni di crescita l'Italia è un unicum, prevedendo nel 2019 un aumento del Pil più consistente rispetto a quest'anno. Germania e Francia prevedono di contenersi invece la crescita 2019 mentre la Spagna ha messo in programma un rallentamento

SENZA RIVALI
Il valore del debito e della spesa per interessi previsto nei programmi di bilancio 2019

	Debito		Spesa per interessi	
	EURO PRO CAPITE (in mld €)	VALORE in mld €	EURO PRO CAPITE	VALORE in mld €
Estonia	1.470	1,9	Estonia	0	0,0
Lettonia	6.115	11,8	Lettonia	127	0,2
Lituania	6.270	17,5	Lituania	152	0,4
Slovacchia	8.416	45,8	Slovacchia	294	0,2
Malta	11.698	5,6	Germania	316	26,5
Slovenia	15.914	32,9	Olanda	326	5,6
Lussemburgo	22.641	13,9	Finlandia	348	1,9
Olanda	23.070	398,9	Malta	399	0,2
Cipro	23.715	29,6	Slovenia	406	0,8
Portogallo	23.844	249,3	Slovacchia	463	2,5
Germania	24.624	2.045,7	Grecia	607	6,4
Spagna	25.700	1.204,7	Spagna	615	29,0
Finlanda	25.732	142,9	Cipro	834	0,9
Grecia	30.995	322,4	Francia	640	43,0
Austria	31.771	292,6	Portogallo	664	6,8
Francia	35.506	2.404,0	Austria	676	6,0
Belgio	40.995	470,0	Belgio	859	9,8
Irlanda	41.630	203,6	Irlanda	1.017	5,0

Fonte: Il sole 24 ore.[83]

Vorrei porre l'attenzione su questo grafico. Il grafico qui presente, datato novembre 2018, prevede una crescita italiana tra le più basse in tutta l'Eurozona, con un deficit tra i peggiori in Europa. Tra l'altro le ultime stime del Pil da parte dell'Istat hanno segnalato una diminuzione dello 0,2% nel terzo quadrimestre del 2018[82], definendo così una nuova recessione italiana.

FIGURA 2. PRODOTTO INTERNO LORDO. VARIAZIONI PERCENTUALI CONGIUNTURALI E TENDENZIALI
I trimestre 2011 - IV trimestre 2018, dati congiunturali, destagionalizzati e corretti per gli effetti di calendario (anno di riferimento 2010)

Fonte: Istat

Allora il problema è ancora la moneta unica? Il maggior problema italiano è che noi, Italia, non siamo ancora capaci di convivere con la moneta unica. Non siamo capaci di sfruttare al meglio le risorse che arrivano ogni anno dall'UE e non siamo capaci di gestire il mercato del lavoro e la disoccupazione italiana. Ciò che manca all'Italia sono riforme strutturali vere e proprie. Vedremo a fine appendice i problemi principali dell'Italia, che non riguardano la moneta unica, ma riguardano altri argomenti come: eccesso di burocrazia, alta evasione fiscale, lentezza della burocrazia italiana, crollo demografico, divario

---

[82] http://www4.istat.it/it/congiuntura?

[83] https://www.ilsole24ore.com/art/notizie/2018-11-07/crescita-interessi-deficit-numeri-che-isolano-l-italia-094049.shtml?uuid=AEnnI2bG

persistente tra Nord e Sud. Tutti questi problemi sono stati analizzati in maniera dettagliata da Carlo Cottarelli. Ecco, questi sono i problemi che l'Italia dovrebbe affrontare oggigiorno. Spostare l'attenzione sulla moneta unica fa male, anche solo in termini di minacce e/o avvisi: si pensi al valore dello spread. Cosa penso dell'euro? Penso che sia un progetto utile ed essenziale per la "sopravvivenza", soprattutto del nostro Paese, di tutta l'eurozona. È un progetto molto complesso, ma allo stesso tempo utile. Tuttavia penso che il progetto dell'euro sia ancora incompleto. *L'euro, i parametri di Maastricht e l'Italia*

Questo secondo paragrafo pone l'attenzione sulle successive tre domande della mia intervista:

1. **Quanto incide la moneta unica sulle condizioni del nostro Paese?**
2. **L'euro è una moneta forte in grado di resistere alle crisi e/o eventi (negativi) di natura economico-finanziaria?**
3. **Quanto incidono i parametri di Maastricht sulla nostra economia?**

Presento prima i risultati, per poi discuterli:

- **Quanto incide la moneta unica sulle condizioni del nostro Paese?**

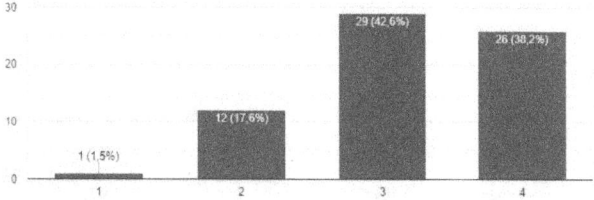

- **L'euro è una moneta forte in grado di resistere alle crisi e/o eventi (negativi) di natura economico-finanziaria?**

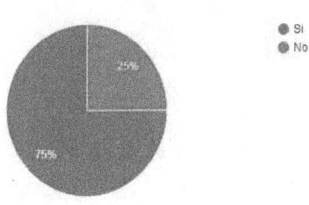

- **Quanto incidono i parametri di Maastricht sulla nostra economia?**

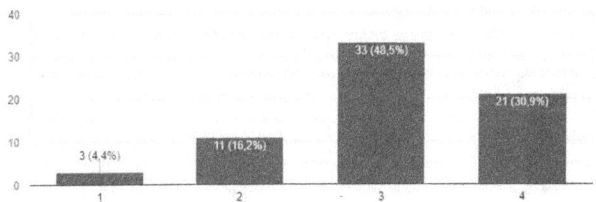

Focalizziamo prima l'attenzione sulla seconda delle tre: l'euro, per quasi tutti gli intervistati (75%), è una moneta forte in grado di resistere a eventi o crisi molto forti e negative. Basti pensare alla crisi finanziaria scoppiata in America nel 2008 e arrivata in Europa dopo poco. L'Euro ha resistito alla più grande crisi di tutti i tempi, come può non essere forte? La moneta unica ci ha protetti in quell'occasione. Pensate se non ci fosse stato l'euro: una catastrofe annunciata. Quindi sulla "resistenza" dell'euro non c'è dubbio. Un po' di scetticismo invece riguardo l'incidenza dei parametri di Maastricht, così come l'incidenza della moneta unica, sulla nostra economia. Partiamo dai primi. Cosa ci dice l'articolo 121 del Trattato di Maastricht? L'articolo 121 rappresenta i parametri di Maastricht, o anche detti criteri di convergenza. Questi ultimi riguardano:

1. **Stabilità dei prezzi;**
2. **La situazione delle finanze pubbliche;**
3. **Il tasso di cambio;**
4. **I tassi d'interesse a lungo termine.**

Il criterio più importante, spesso non mantenuto, è senza ombra di dubbio il secondo: la situazione delle finanze pubbliche. Due concetti importanti formano questo criterio, ossia:

I. **Il disavanzo pubblico annuale:** il rapporto tra disavanzo pubblico annuale e Pil non doveva superare la soglia del 3%. In caso contrario, doveva essere necessariamente diminuito in maniera costante fino al raggiungimento di un livello prossimo al 3%. Tale rapporto poteva essere "superato" solo in casi eccezionali e soprattutto temporanei, ma comunque il valore doveva restar vicino a tale livello.

II. **Il debito pubblico:** il rapporto tra il debito pubblico lordo e il Pil non doveva superare il 60%. In caso contrario tale rapporto doveva essere ridotto in maniera sufficiente e doveva avvicinarsi al valore di riferimento con un ritmo adeguato.

Queste i due "paletti" in cui rientrare per ogni Stato membro. Come abbiamo visto anche nei capitoli precedenti queste regole non sono state rispettate in molteplici occasioni da paesi come la Francia e la Germania stessa. Secondo la mia intervista, il 49% circa, quasi la metà degli intervistati, crede che i parametri di Maastricht incidano "abbastanza" sulla nostra economia. In parte questo è vero. Prendiamo in considerazione il nostro Paese. Inseriamo un evento naturale catastrofico, non dipendente dall'uomo (ad esempio l'ultimo terremoto dell'Aquila). Come farebbe la nostra economia a stare al di sotto del 3% del disavanzo pubblico annuale? Sarebbe praticamente impossibile. Eventi naturali, non dipendenti dall'uomo, comportano ingenti spese da effettuare per riportare il Paese alla normalità. Ecco che quindi un eventuale correzione di questo rapporto (Disavanzo pubblico annuale/Pil) potrebbe portare già qualche beneficio. Ad esempio non considerare spese effettuate, giustamente, in presenza di tali eventi. Oltre a non considerare spese per tali eventi catastrofici, si potrebbe optare anche ad altre correzioni. Un altro esempio? Pensiamo ad un eccesso di spesa nei confronti delle entrate in istruzione. L'istruzione si sa, non da effetti immediati, ma a lungo termine. Ecco che quindi una seconda soluzione al fatidico 3% potrebbe essere questa: non considerare spese che in futuro potrebbero apportare un reale beneficio alla nostra economia (spese per l'istruzione, per la sanità pubblica, per le infrastrutture).

Dall'intervista emerge quindi che i parametri di Maastricht incidono, in maniera non del tutto sostanziale, sulla nostra economia. Sono d'accordo, non del tutto. Penso sempre alla crescita degli altri paesi nei nostri confronti. Le colpe non sono tutte della moneta unica e/o dei parametri di Maastricht.

La prima domanda, del blocco di domande che stiamo ora considerando, ossia **"Quanto incide la moneta unica sulle condizioni del nostro Paese?",** ha portato anche qui un risultato notevole sulla voce "Abbastanza": 42,6%. Qui non sono d'accordo. Personalmente avrei pigiato sul tasto "Per niente". Questa situazione è ampiamente correlata al primo paragrafo di questa appendice. Abbiamo visto nel primo paragrafo come altri Paesi crescano molto più velocemente rispetto a noi, pur avendo la stessa moneta. Quindi mentre i parametri di Maastricht incidono in maniera lieve sulla nostra economia, la moneta unica, per quanto mi riguarda, non incide assolutamente, anzi. La moneta unica ha dato forza, unione e integrità, in termini economici e politici, a tutta l'UE. Non pensiamo alla moneta unica come il "male", come un qualcosa da abbattere. Cerchiamo, anzi, di accogliere la moneta unica e cercare altre alternative rispetto alla sua definitiva eliminazione. D'altronde l'esempio calzante è la Brexit. Tutti, dai cittadini inglesi alle banche, stanno avendo a che fare con l'UE e con la Brexit. La Brexit sta facendo capire a tutti gli Stati membri dell'UE che uscirne è complicatissimo e doloroso. Ripeto: è più conveniente non sposarsi, che sposarsi per poi divorziare. I costi del divorzio sono molto più elevati rispetto ai costi per il matrimonio. Questa frase[81] calza a pennello con la nostra situazione. La storia insegna, ma l'uomo non vuole proprio imparare.

L'uscita dall'euro potrebbe essere una soluzione ai nostri problemi?

Questa è la quinta domanda presente all'interno della mia intervista. Qui si tocca un tasto dolente del nostro amato Paese. Negli ultimi anni, come abbiamo visionato nel capitolo precedente (Capitolo 5), si sono fatti avanti molteplici economisti a favore dei "Piani B" per poter abbandonare l'eurozona, lasciando la BCE e l'euro. Fortunatamente la domanda qui presente ha prodotto i risultati sperati:

---

[81] Questa metafora è stata utilizzata da Alberto Bagnai nel suo libro "Il tramonto dell'Euro".

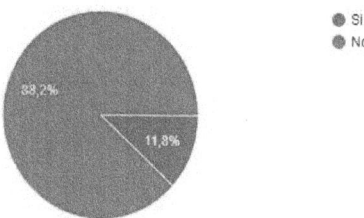

L'uscita dall'euro, per l'88% degli intervistati, non potrebbe essere LA soluzione ai nostri problemi. Il risultato va fortemente a sostegno di tutto ciò che ho scritto all'interno di queste pagine. L'uscita dall'euro è la cosa peggiore che noi, Italia, potremmo fare in questo momento. Ho discusso ampiamente di questo argomento all'interno del Capitolo 4, analizzando tutto ciò che potrebbe accadere se l'Italia dovesse uscire dall'euro.

Gli effetti di tale scelta potrebbero incidere su molti aspetti e categorie di persone: incidenza sulla finanza pubblica, sui salari, sulle pensioni, sui mutui, i poveri la categoria di cittadini più penalizzata. A questa domanda collego le successive due presenti all'interno della mia intervista, ossia:

- **Conosci il "Piano B" di Savona?**
- **Se la risposta alla domanda precedente è "si", cosa ne pensi di quest'ultimo? (Piano B)**

Queste due domande ovviamente sono strettamente correlate a quella di apertura di questo paragrafo. Qui devo dire che sono stato molto sorpreso dalle risposte degli intervistati, soprattutto per la prima. Perché? Basti vedere i risultati:

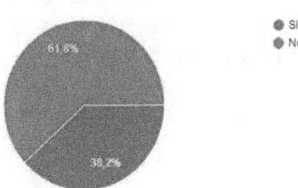

● Sì
● No

61,8%

38,2%

Il 61,8% non conosce, o comunque non conosceva, il famoso "Piano B" di Savona. Questo dato ha lasciato me un po' perplesso. Savona introdusse questo piano nel lontano, oramai, 2015, suscitando già da allora qualche polemica. All'interno del piano, come lo abbiamo descritto nel capitolo precedente, era presente una vera e propria strategia per uscire dall'euro "senza apportare troppi danni per la nostra economia".

Tuttavia, per quel 38,2% di persone che conosceva il "Piano B" di Savona, ho chiesto un loro parere in merito. Vi faccio leggere qualche loro risposta riguardo il piano di Savona:

Non avrebbe risolto alcun problema, probabilmente, a mio parere, avrebbe portato soltanto a un peggioramento della situazione

Un rischio enorme date le condizioni economiche italiane: con l'uscita dall'euro difficilmente il suo cambio fisso 1:1 tra nuova lira ed euro potrebbe portare risultati drasticamente diversi da quelli delle economie sudamericane.

Inoltre credo che gli investitori e le istituzioni europee non avrebbero grande fiducia sulla capacità dell'Italia di onorare i propri debiti: il rischio di default e di cacciata dall'UE (con annesso deterioramento delle relazioni commerciali, che sarebbe un problema data la politica export oriented italiana) sarebbe concreto

Non pertinente alle nostre condizioni

Fa parte di un'onesta valutazione dei rischi. Indispensabile.

Penso sia irresponsabile per figure di un certo calibro fare ipotesi del genere e farle trapelare. Solo i rumors, in una situazione fragile come quella italiana possono essere assai dannosi

È alquanto normale che ci sia la presenza di uno scetticismo a livello nazionale. Il "Piano B" di Savona è molto rischioso, fragile e, per alcune persone, anche incompleto. Come molte risposte recitano, il piano di Savona "non avrebbe risolto alcun problema", avrebbe soltanto peggiorato la situazione di un Paese già in crisi da tempo.

Un altro fattore pericoloso sarebbe la cosiddetta segretezza del piano. Abbiamo già parlato di ciò all'interno del capitolo inerente ai "Piani B" per uscire dall'euro. Secondo Savona e Bagnai, ci potrebbe essere un'uscita concreta solo nel caso in cui la notizia non trapelasse verso l'esterno. Tuttavia, come ammette Savona, sarebbe quasi impossibile tenere al segreto un'operazione di tale dimensione. Una cosa che farebbe male in quel caso sarebbe lo spread. Alla sola notizia d'uscita dall'euro lo spread schizzerebbe alle stelle, facendo aumentare la mancanza di fiducia nei confronti del nostro Paese.

Penso che arrivati a questo punto sia fondamentale capire che l'uscita dall'euro non solo non rappresenta la soluzione ai nostri problemi, ma finirebbe per ammazzarci letteralmente. Allora cos'è che non va all'interno del nostro Paese? Le due domande successive forse potrebbero far intendere qualcosa, ma non del tutto.

L'UE è un'organizzazione economica e politica equa?

Così si apre la mia terzultima domanda.

Devo dire che anche qui la risposta è molto prevedibile. Se si dà la colpa ai parametri di Maastricht prima, si dà altrettanto la colpa a tutta l'UE dopo. All'interno della mia intervista è presente questa domanda con un'incitazione a motivare quest'ultima nel caso in cui la risposta fosse stata no. Quindi: l'UE è un'organizzazione economica e politica equa?

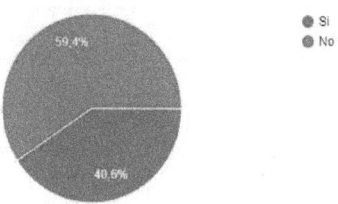

Prevale, come si può osservare, il No, anche se di poco. La maggior parte degli intervistati considerano l'Unione Europea come un'organizzazione di Stati membri non perfettamente equa. Abbiamo parlato prima dei parametri di Maastricht scrivendo che erano sì ottimi criteri, ma che comunque davano qualche piccolo problema a economie in difficoltà come la nostra. Prima di osservare cosa ci dice la Commissione Europea e lo stesso Paolo Savona riguardo l'equità dell'UE, andiamo ad osservare alcune risposte date all'interno della mia intervista a quest'ultima domanda:

Chiaramente le economie dei Paesi che ne fanno parte hanno velocità diverse, bisognerebbe avere una maggiore integrazione politica ed economica affinché possa essere equa per i paesi più deboli

L'UE non è un'organizzazione economica equa poiché c'è troppa differenza tra paesi forti e deboli.

L'eterogeneità dei vari paesi implica un eccesso di rigidità nelle regole da seguire

L'Unione monetaria europea è una struttura che congela i rapporti fra gli stati che la compongono . Si è venuta a creare un'asimmetria fra stati del "nord" e del "sud" che mina la pace all'interno del nostro continente.

Da queste risposte emerge chiaramente una cosa: l'UE non è, ancora, un'organizzazione equa. Come risposta modello a questa domanda inserisco la prima: *"Chiaramente le economie dei Paesi che ne fanno parte hanno velocità diverse, bisognerebbe avere una maggiore integrazione politica ed economica affinché possa essere equa per i paesi più deboli"*.

È questo il problema principale dell'UE. Il fatto è che numerosi paesi viaggiano a velocità diverse rispetto ad altri. Molti paesi in difficoltà non riescono a tenere il passo delle grandi Nazioni. Basti pensare al nostro esempio: l'Italia, con un elevato debito pubblico, elevata disoccupazione, Pil in calo, non potrà mai competere con potenze del calibro di Germania, Francia, Spagna che ora si sta riprendendo. Per questo il progetto dell'UE è ancora incompleto. L'idea di un'unione monetaria e politica è giusta, ma c'è da lavorare ancora molto.

Da qui mi rifaccio alla Commissione Europea e ad una sua pubblicazione proprio in merito all'equità tra Stati membri.

La Commissione Europea, nel 2015, scriveva questo:

"Nell'ambito dell'Unione economica e monetaria (UEM), le politiche economiche dei paesi dell'UE sono coordinate per:

- *Garantire che essi possano resistere a crisi future grazie a riforme economiche e sociali e a politiche di bilancio responsabili;*
- *Incoraggiare gli investimenti e rafforzare la competitività;*
- *Offrire maggiori opportunità di lavoro e migliori condizioni di vita.*

Si sta lavorando al rafforzamento dell'architettura dell'UEM in modo da consentirle di reagire in modo più rapido ed efficace alle sfide del futuro."[82]

---

[82] https://ec.europa.eu/commission/priorities/deeper-and-fairer-economic-and-monetary-union_it

Appare ovvio che anche la Commissione Europea stesse lavorando, già da allora, su un piano per integrare al meglio gli Stati membri e rendere tutto più equo.

Paolo Savona, famoso per il suo "Piano B", cambiò idea sull'euro non appena fu nominato ministro per gli affari europei della Repubblica Italiana. Resta tuttavia con un pensiero: l'Unione europea va rinnovata. Così scriveva sul Sole 24 Ore il 6 novembre del 2018:

"Caro direttore, ho molto apprezzato la diagnosi che Sergio Fabbrini ha pubblicato domenica 4 novembre sul Sole 24 Ore sull'Europa da cambiare. Essa termina con la valutazione che «tra il sovranismo distruttivo e l'europeismo conservatore c'è lo spazio per una strategia riformatrice con cui rilanciare il progetto politico europeo». Sono sempre più numerose le voci che si alzano preoccupate per il futuro dell'Unione europea, ma poche si spingono fino a suggerire che cosa fare in concreto, come è indicato punto per punto nel documento inviato a Bruxelles dal Governo italiano intitolato "Una politeia per una Europa diversa, più forte e più equa".

[...] "L'appello sottolinea i grandi progressi che i Padri dell'Europa unita hanno permesso a un continente che nella sua storia non aveva mai avuto un periodo di pace così lungo (75 anni), raggiungendo grandi successi nel libero movimento delle persone e dei capitali che hanno permesso uno sviluppo straordinario, una migliore formazione dei giovani e un'ampia circolazione delle idee.

Essi sostengono che l'Unione europea «è qualcosa in più di un progetto economico: è un progetto culturale, un innalzamento del livello di civiltà che il mondo ci invidia»". [83]

Appare così il messaggio di Paolo Savona, con una degna conclusione: riformare l'Unione Europea e migliorarla, integrando al meglio tutti gli Stati membri. È questa la soluzione migliore per tutta l'Europa. Nessun "Piano B", niente di più. Riformare l'Europa è una missione che tutti gli Stati devono porsi come obiettivo. Come è scritto anche all'interno della lettera precedente di Paolo Savona: *"l'Unione europea è un qualcosa in più di un progetto economico: è un progetto culturale, un innalzamento del livello di civiltà che il mondo ci invidia"*. L'UE è nata come progetto politico, successivamente è stata trasformata anche in un progetto economico e monetario. Ora manca l'ultimo passo da effettuare: miglioramento dell'integrazione economica e politica.

---

[83] https://www.ilsole24ore.com/art/commenti-e-idee/2018-11-06/le-vie-percorribili-rinnovare-l-unione-europea161323.shtml?uuid=AEUtH7aG

Se l'Europa deve migliorare questo aspetto, cosa deve fare l'Italia? *Quale*

potrebbe essere la soluzione ai nostri problemi interni?

Con questa domanda ho chiuso la mia piccola intervista.

I problemi della nostra economia non sono strettamente correlati alla moneta unica. Essi hanno

tutt'altra origine. Successivamente prenderò in considerazione il libro di Carlo Cottarelli "I sette

capitali dell'economia italiana", per analizzare e mostrare cosa c'è di sbagliato nel nostro Paese.

Prima di procedere vi farò leggere qualche risposta data dagli intervistati:

> Eliminare corruzione, favoritismi e quant'altro, creare politiche che scoraggino ulteriormente il lavoro in nero, fornire aiuti economici (e non solo) alle zone del mezzogiorno, ed effettuare una riforma seria del sistema pensionistico.

> Rivoluzione della spesa , ossia aumentare l'efficienza della spesa pubblica. Meno tasse alle imprese e più incentivi a chi assume . Ovviamente più controlli per chi evade e certezza della pena . Privatizzazione degli enti pubblici

> Abbassamento della pressione fiscale (per le PMI), più paletti per le multinazionali, e in un secondo momento bisogna alzare gli stipendi degli operai. In questo modo il mercato interno diventa più dinamico e l'economia ricomincia a crescere.

> Un governo in grado di tagliare gli sprechi dove effettivamente ci sono , maggiori investimenti in campo scolastico e della ricerca che nel lungo andare portano notevoli benefici , e maggiori investimenti in infrastrutture che seguano un piano di lungo periodo

> La soluzione ai nostri problemi economici interni potrebbe essere combattere realmente l'evasione e l'illegalita, eliminando i contanti. Inoltre aumenterei i fondi per la ricerca e per i giovani in modo che si possano creare facilmente nuove start up anche in Italia, in grado di poter dare lavoro a più persone. Non abbasserei le tassazione sul singolo, ma sulle aziende.

> Minore burocrazia, minore corruzione, maggiore libertà di iniziativa economica ai privati

Gli argomenti centrali delle risposte sono: meno corruzione, meno pressione fiscale, maggiori

controlli verso chi evade le tasse, più aiuti economici per diminuire il gap fra Nord e Sud, meno

burocrazia, taglio degli sprechi. Questi sono solo alcuni dei problemi che affliggono il nostro Paese

da decenni. Penso che non ci sia nulla di più giusto che dire tutto ciò. L'Italia è afflitta da problemi

interni come: evasione fiscale, corruzione, eccesso di burocrazia, lentezza della nostra giustizia,

divario tra Nord e Sud, crollo demografico e soprattutto difficoltà a convivere con l'euro. Questi

appena elencati sono i problemi descritti e analizzati da Carlo Cottarelli nel suo libro "I sette peccati

capitali dell'economia italiana". Carlo Cottarelli colpisce in pieno tutti i nostri problemi.

L'evasione fiscale ad esempio. L'evasione fiscale in Italia è tra le più elevate all'interno dell'area

euro. Si evade molto in termini di Iva e soprattutto si evade molto di più al Sud che al Centro o al

Nord. Nel 2014 l'evasione in Italia dell'Iva era del 28%, la media dei paesi dell'area euro era del

12,6%. Peggio di noi soltanto Malta e Grecia. In Italia si evade, secondo uno studio di Richard Murphy (esperto di tassazione internazionale), il 21% di quello che sarebbe dovuto, contro una media europea del 14,5%.[84]

In termini di corruzione invece la situazione è più problematica per due motivi: la corruzione è molto difficile da quantificare; gli indici presenti per "misurare" la corruzione presentano molti difetti. Possiamo dire tuttavia che non siamo tra i migliori in Europa, ma siamo comunque meglio della media europea. C'è da dire purtroppo che siamo messi peggio rispetto agli altri paesi avanzati. Anche in questo caso la corruzione è molto più presente al Sud rispetto al Nord. Cosa si può fare? Una sola parola: repressione. Maggiore severità nel reprimere la corruzione, oltre che alla prevenzione ovviamente.

Eccesso di burocrazia. Qualche numero: nel 2007 le leggi statali vigenti in Italia erano 21.691[88]. Tuttavia negli ultimi anni dovrebbero essere diminuite a poco più di 10.000. Il numero di leggi in Italia è davvero troppo elevato rispetto agli altri paesi. Basti pensare alla Germania con meno di 5000 leggi statali e Regno Unito con 3000 leggi statali in vigore[85]. Troppe leggi all'interno del nostro paese e molte sono anche in contraddizione tra loro. Il primato italiano per numero di leggi regionali invece andava all'Abruzzo, che da solo rappresentava il 10% circa di tutte le leggi regionali in vigore. L'eccesso di burocrazia in Italia porta più costi per la nostra economia e tutto è strettamente correlato alla lentezza della nostra giustizia.

La lentezza della nostra giustizia rappresenta un altro nostro problema. La durata dei processi civili è diminuita negli ultimi anni e i procedimenti pendenti, ossia procedimenti penali in corso, sonno anch'essi diminuiti, ma restano comunque numeri molto elevati[86].

Altri problemi interni evidenziati da Carlo Cottarelli sono: crollo demografico negli ultimi anni, il divario tra Nord e Sud[87] e l'ultimo che comprende la difficoltà a convivere con la moneta unica.

Ecco, vorrei soffermarmi sull'ultimo problema. Negli ultimi anni il problema della crescita in Italia si è fatto molto più travolgente. Dal 1998 al 2016 la crescita della nostra economia è stata pari a zero. Non c'era mai stato un ventennio nella storia dell'Italia unitaria in cui il reddito pro capite

---

[84] Si veda "I sette peccati capitali dell'economia italiana" (Cottarelli, 2018, p. 18) [88]
(Cottarelli, 2018, p. 67)
[85] (Cottarelli, 2018, p. 67)
[86] Per approfondimenti in merito ai numeri della nostra giustizia si veda "I sette peccati capitali dell'economia italiana" (Cottarelli, 2018, pp. 84-88)
[87] Per approfondimenti: Capitolo 5 e Capitolo 6, "I sette peccati capitali dell'economia italiana".

fosse rimasto, sostanzialmente, "fermo", "immobile". L'Italia si è sempre basata sulle esportazioni, sulla competitività dei prodotti italiani. Cosa è successo negli ultimi 20 anni? Prima dell'entrata nell'euro, se le cose andavano male, avevamo una via d'uscita: la svalutazione. La lira si svalutava rispetto ad altre monete. Questo consentiva ai prodotti italiani di essere comunque competitivi sul mercato. Dopo l'entrata all'interno dell'eurozona non abbiamo più potuto far leva sulle svalutazioni: abbiamo perso, sostanzialmente, la possibilità di svalutare. La colpa però, per la nostra situazione attuale, non è stata tutta dell'euro. Come scrive Carlo Cottarelli nel suo libro:

"Prima di capire cos'è successo, un avvertimento: non è che dovesse necessariamente andare a finire come è finita. È che siamo entrati nell'euro pensando di poter continuare a fare quello che facevamo prima. In questo consiste il peccato: non siamo stati capaci di adeguarci alle regole di comportamento richieste dal vivere con la stessa moneta. In aggiunta, siamo stati anche un po' sfortunati." [88]

Sapete chi ci ha salvato? La Banca centrale europea. Nel luglio del 2012, nel buio più totale per la nostra economia, quando rischiavamo il default, Mario Draghi, durante un intervento, disse: *"Whatever it takes"*, ossia tutto quello che è necessario per preservare la moneta unica. La Bce ha iniziato da allora ad abbassare i tassi d'interesse al di sotto dello zero, ha iniziato a dare liquidità alle banche e ha iniziato anche a comprare titoli di stato, compresi quelli italiani, per introdurre liquidità all'interno del nostro sistema economico. La Bce, con Mario Draghi, ha salvato il nostro paese durante la profonda crisi. La Bce continuerà con una politica monetaria espansiva solo finché l'inflazione dell'area euro resta sotto controllo. Il fatto è che l'inflazione si sta ormai avvicinando al livello obiettivo, 2%. Non sappiamo ancora quando, ma prima o poi i tassi d'interesse in Europa riprenderanno a salire, soprattutto dopo la sostituzione di Draghi nell'autunno del 2019, quando terminerà il suo mandato.

Cosa ci ha condannato in passato che continua a persistere oggi? La perdita di competitività che causa bassa crescita e l'alto debito pubblico. Abbiamo perso troppa competitività rispetto agli altri paesi europei e cresciamo sempre meno. Come poterne uscire? Un problema centrale sono i costi del lavoro in Italia. Spagna e Portogallo ad esempio stanno recuperando la competitività persa riducendo il costo del lavoro. Come si potrebbe ridurre questo costo da noi? Due opzioni citate da Cottarelli nel suo libro: riduzione dei salari oppure aumentare la produttività. Ovviamente ridurre i salari non è la soluzione migliore. La seconda, aumentare la produttività, appare quella preferibile.

---

[88] (Cottarelli, 2018, p. 142)

Come aumentare la produttività? Cercando di riformare l'intera economia italiana in modo da ridurre tutti i costi, non solo quelli del lavoro. Come riformare l'intera economia italiana? Cercando di risolvere i problemi sopra citati. Più efficienza della pubblica amministrazione, riducendo così i costi della burocrazia, portando vantaggio per le imprese.

Altra strada da perseguire per riformare l'economia italiana è quella di incentivare gli investimenti. Come? Cercando di ridurre la corruzione e l'evasione fiscale, soprattutto al Sud.

Infine: ridurre la pressione fiscale. La tassazione in Italia è troppo elevata rispetto agli altri paesi. Troppi costi da sostenere, soprattutto per le piccole imprese.

La strada per riformare l'intera economia italiana è in salita, lunga e pericolosa. Tuttavia è preferibile rispetto all'uscita dall'euro, che avrebbe conseguenze drammatiche. Non cerchiamo soluzioni per il nostro paese dando la colpa semplicemente alla moneta unica. A chi crede che l'uscita dall'euro sia la strada migliore, dico: basti leggere quest'ultima parte per comprendere che i problemi italiani non sono strettamente correlati alla moneta unica, ma a noi stessi.

Ringraziamenti

Sono giunto al termine di questo lungo, ma difficile viaggio.

Ero molto indeciso se scrivere o meno quest'ultima parte. Riflettendoci bene ho capito che ci sono molte persone a cui devo dire una sola parola, ma con molteplici significati: grazie. In primis voglio, e soprattutto devo, ringraziare la mia famiglia, in particolare i miei genitori Antonello e Antonella. Grazie ai loro sacrifici e soprattutto grazie per aver creduto nelle mie potenzialità. Senza i miei genitori tutto ciò non sarebbe potuto mai accadere. Grazie per avermi supportato e sopportato in molteplici occasioni. Grazie per aver depositato in me la vostra fiducia e grazie per aver investito e creduto nelle mie parole. Questo è solo l'inizio di un lungo, ma pericoloso, viaggio.

La seconda persona a cui devo dire grazie è il mio professore di Macroeconomia e relatore di questa tesi Giuseppe Mauro. Grazie, professore, per aver accettato la mia proposta di tesi e per avermi guidato durante questo viaggio durato ben 8 mesi. Grazie alle sue competenze in materia è stato possibile redigere e svolgere una tesi impeccabile, priva di qualsiasi dubbio.

Vorrei ringraziare, inoltre, l'assistente del professore Mauro, Sandra Carballar. Grazie a lei è stato possibile correggere e migliorare ogni singolo capitolo appartenente a questa tesi triennale.

Ringrazio, ovviamente, tutti gli amici del mio corso di laurea L18. Grazie per avermi supportato durante questo lungo viaggio, durato 3 anni, ma che spero continui a durare ancor di più.

Grazie ad Ilenia, persona meravigliosa incontrata durante il mio lungo percorso universitario. Grazie per la tua vicinanza nei momenti più duri e difficili.

Per ultimo, ma non per importanza, anzi, vorrei ringraziare una signora, di cui non conosco il nome. Ho avuto il piacere di conoscere, per puro caso, quest'ultima durante la mia stagione da animatore in Puglia nel 2016. Allora non ero uno studente universitario e non avevo intenzione di continuare gli studi. Avevo appena preso un anno sabatico dopo il diploma. Grazie a questa conoscenza ho avuto modo di pensare al mio futuro, diventando uno studente fuorisede qui a Pescara. Il più grande "Grazie" va a questa signora, capace di influenzare il mio pensiero, e il mio futuro, in pochi minuti.

Grazie all'università Gabriele D'Annunzio.

Grazie a tutti